내 이름은 모리타니 마마

_____ 님께

하나님은 사람을 통해 일하십니다.

_____ 드림

아프리카 최빈국 오지에서 버려진 자들의 엄마로 20년
사막에 기적의 꽃을 피운 권경숙 선교사의 감동 실화

내 이름은 모리타니 마마

권경숙 지음

KOREA.COM

성경 속 세상을 바꾼 여인의 삶이 오늘, 모리타니에 있습니다

사람은 지식이나 방법을 찾고 하나님은 사람을 찾는다는 말이 있습니다. 짧은 인생을 살아가는 동안 하나님의 도구로 쓰임 받는다는 것은 인생의 가장 큰 축복이 아닐 수 없습니다. 역사를 통해 하나님께 쓰임 받은 사람들은 하나님의 뜻을 위해 온전히 자신의 삶을 바친 사람들이었으며 구원의 역사에 매우 중요한 일들을 감당한 사람들이었습니다.

목회 인생을 통틀어 세계 여러 선교 사역을 도우며 수많은 선교사들을 만나 보았지만 그중에서도 모리타니의 권경숙 선교사님은 이 시대에 보기 드문 참으로 귀한 하나님의 종입니다. 지난 20년 동안 권경숙 선교사님이 모리타니 이슬람 공화국에서 이뤄 낸 활동과 업적은 가히 독보적이라고 할 수 있습니다. 그동안 세계 여러 나라, 수많은 교단과 단체가 모리타니 선교에 수없이 도전했지만 그 누구도 이슬람의 장벽을 넘지 못했습니다. 모두가 발길을 돌려야 했던 대표적 선교 불모지, 모리타니에 하나님의 교회를 세우고 성공적인 선교 사역을 이뤄 낸 분이 권경숙 선교사님입니다. 복음을 전하면서 선교사님이 성장시킨 각종 사회복지 활동은 이제 모리타니 정부의 지원을 받을 만큼 그 나라 사회의 변화와 발전의 모델이 되고 있습니다.

혈혈단신, 여자의 몸으로 감당해 낸 사역 초기의 박해와 고난은 초기 기독교인들이 받았던 박해의 역사와 다를 것이 하나 없었습니다. 감금과 고문으로 수없이 죽음의 고비를 넘기면서도 눈물과 땀으로 열사와 죽음의 땅에 복음의 열매를 맺게 한 권경숙 선교사님은 이 시대에 하나님이 찾으시는 하나님의 사람입니다. 권경숙 선교사님의 희생과 헌신은 한국 교회사에 남을 만한 큰 족적이며, 한국 선교 사역에 귀감으로 삼아야 할 훌륭한 업적이라고 평가할 수 있습니다. 성경의 역사 속에 세상을 바꾼 여인들의 삶에서 알 수 있는 것처럼 우리는 권경숙 선교사님의 책을 통해 모리타니에 하나님의 역사와 섭리가 실현되는 과정을 하나하나 명확하게 볼 수 있을 것입니다. 출간을 진심으로 축하드립니다.

—**김동엽** 목민교회 담임목사

모리타니 사람들의 육과 영을 채우는 '마마'는 하늘나라 대사입니다

이 책의 저자인 권경숙 선교사와는 귀하고도 긴 인연을 맺고 있습니다. 저자와는 주OECD 대표부 근무 시절 프랑스 파리에서 처음 만났습니다. 그 후 모래바람의 나라 모리타니를 위해 삶을 헌신하는 저자를 볼 때마다 늘 감동을 받았습니다. 오랜 세월 변함없이 모리타니 사람들을 위한 진심 어린 돌봄과 사랑을 전하는 그분의 작은 몸에서는 언제나 에너지가 넘쳐 납니다. 마침 올해는 우리나라가 모리타니와 외교 관계를 수립한 지 50주년이 되는 해입니다. 이러한 뜻깊은 해에 책이 나와 더욱 반갑고 기쁩니다. 이 책에 나와 있는 모리타니 사람들과 권 선교사님의 이야기는 재미도 있지만 가슴을 찡하게 울리는 여러 편의 드라마입니다. 모리타니 사람들의 육체의 필요뿐 아니라 영적인 필요까지 채워 주는 '마마'가 된 권경숙 선교사. 그녀는 모리타니에서 그 누구보다도 크고 선한 영향력을 끼치고 있는 자랑스러운 한국인이자 하늘나라의 대사입니다.

—**이태호** 주 모로코 한국 대사(모리타니 겸임)

CONTENTS

Part 5.
하나님, 이들을 보고 계시죠?

Part 6.
마마, 우리 곁에 있어 줘요

사막에 기적의 꽃을
피우시는 주님

오늘은 누아디부 시내의 빈민촌에 세운 바그다드 성전에 페인트
칠을 하기로 한 날이다. 매일 새벽 세 시에 일어날 정도로 부지런히
살지만, 해야 할 일은 그보다 더 부지런히 쌓이는 터라, 벼르고 벼르
던 교회 단장도 3년 만에야 할 수 있게 되었다. 교회에 내가 왔다는
소리를 듣고는 순식간에 아이들이 몰려들어 잔칫집 분위기다. 라마
단 기간인 요즘, 그렇지 않아도 배가 고픈 이곳 아이들은 더 굶어 눈
이 퀭하다. '마마, 마마' 하며 내미는 그들의 깡마른 팔을 잡고 손바
닥 위에 풍선껌 하나씩을 놓아 준다. 내 옷을 잡고 놓아 주질 않는 아
이들을 겨우 떼어 놓으면 울고불고 난리를 친다. 교회와 유치원이
노란 페인트로 물들어 가는 사이, 빈민촌 아이들은 점점 더 교회로
모여든다. 이 아이들이 껌 하나 때문에 오는 것이 아니면 좋겠다. 늙
고 쪼그라들어 버린 '마마'를 보고 싶어 오는 것이 아니면 좋겠다. 이
아이들이 예수님 때문에 달려오는 것이면 좋겠다. 오늘도 다음 일정
은 꼼짝없이 늦어 버렸다.

모래가 타도 모르는 나라, 모리타니. 아프리카 서쪽 끝 모로코와 세네갈 사이에 있는 지독히 가난한 나라. 모리타니 이슬람 공화국이라는 공식 명칭이 말해 주듯, 이 나라의 국교는 이슬람교다. 백과사전을 찾아보면 '모리타니, 종교는 이슬람교 수니파 100퍼센트'라고 적혀 있다. 이곳에서 나는 20년 동안 하나님의 사람으로 살았다. 보이지 않는 한 알의 모래알로, 수없이 많은 죽을 고비를 넘기며 지내왔다. 섭씨 50도의 불타는 날씨도, 폐 속까지 밀어 닥칠 듯한 거센 모래바람도, 하늘을 온통 빨갛게 덮는 메뚜기 떼의 습격도, 모리타니 사람들에게 받았던 박해에 비하면 아무것도 아니었다. 경찰까지 한패가 되어 교회에 불을 지르고 '마녀'라며 돌팔매질을 하고 살인 누명을 덮어씌워 가두기까지 했다. 예수님을 모르는 이곳 사람들과의 20년 전쟁은 아직도 계속되는 중이다.

그래도 20년이 지나니 죽기 살기로 버틴 나를 모리타니는 조금씩 받아 주기 시작했다. 공식적으로 예배를 드릴 수 있는 교회를 세웠고, 주일이면 주변 아프리카 열다섯 나라에서 예배를 드리러 찾아온다. 이들을 위해 혼자서 주일예배만 일곱 번을 인도해야 하지만 내가 생각해도 어디서 그런 힘이 나오는지 펄펄 잘도 뛰어다닌다. 당장 먹고살 일이 큰일인 이들을 위해 모래땅에 농장을 개간하고 농사짓는 법을 가르쳤다. 에이즈의 두려움 속에서도 몸을 팔아 생계를 마련해야 하는 이곳 여인들에게 바느질과 뜨개질로 돈 버는 법을 알게 했다. 글 한 자 읽지 못하고 평생을 보내는 이들을 위해 유치원을 세우고 학교를 지었다. 감옥에 갇혀 있는 흉악한 죄수들, 혹은 억울하게 죽어 갈 이들을 찾아가 기도하고 손잡아 주었다.

　모리타니 사람들과 함께 어울리고 먹고 울고 일하다 보니 내가 하는 일이 자신들에게 유익하다는 것을 알아주기 시작한 것도 얼마 전부터다. 정부로부터 위임받아 정신지체 장애인 센터를 운영하고 빈민 지역에 유치원을 지어 어린아이들을 돌보았다. 아프리카 사람들이 열광하는 스포츠를 통해 선교를 해 보자는 생각에 시작한 축구교실은 거의 국가대표 급으로 성장했고, 사범을 구하지 못해 발을 동동 구르다 직접 배워 검은 띠를 딴 태권도로 도장도 차렸다. 평생 메마른 모래사막이 세상의 전부인 줄 아는 이들을 스키 선수로 만들어 모리타니 건국 이래 최초의 올림픽 메달까지 땄다.

그러나 지난 20년 동안의 이러한 일들은 내가 한 일이 아니다. 척박한 땅 모리타니에 꽃이 피고 열매 맺게 해 주신 하나님의 기적의 역사다. 20년 전 모리타니로 떠날 때 이런 일이 가능하리라고는 상상조차 하지 못했다. 한국에서 온 노처녀가 모리타니 선수단 코치가 되어 한국에서 열리는 올림픽에 참가하는 것을 누가 상상이나 할 수 있단 말인가. 모리타니라는 아프리카 사막의 나라에서 온 선수단이 평창 동계 스페셜올림픽에서 메달을 땄다는, 그리고 그 선수단 단장이 한국인 아줌마라는 신문 귀퉁이에 조그맣게 난 기사를 보고 한국 출판사에서 출간을 제의한 일도, 내가 과연 상상이나 했겠는가.

이 책을 쓰는 동안 하나님께서 내게 지난날의 사역들을 돌아보며 정리하는 시간을 허락하시는 것 같다. 지난 세월 동안 나를 지켜 준

수많은 고마운 교회와 목사님, 여전도회전국연합회, 이극범 목사님, 김동엽 목사님, 가브리엘선교회, 그리고 이름 없이 동역해 주신 수없이 많은 분들이 떠오른다. 한 사람 한 사람 여기 다 적지 못함을, 그들은 이해해 주리라 믿는다.

그동안 몸을 제대로 돌보지 못한 탓에 쇠잔해질 대로 쇠잔해진 몸으로 얼마나 더 오래 모리타니 땅에서 주님을 섬길 수 있을지 알 수 없다. 그저 하나님께서 당신의 품으로 부르시는 날까지 이 땅에 맡기신 사명을 묵묵히 해 나갈 것이다.

내가 지금까지 해 온 이 모든 일을 하나님은 이미 창세전에 계획하셨을 것이다. 모리타니의 불타는 모래 속에 당신의 뜻을 한 톨 한 톨 담으셨을 것이다. 이제까지 그랬듯이 앞으로도 나는 그저 이곳 모리타니의 모래사막을 지킬 것이다. '마마'를 부르며 달려오는 모리타니의 가족들을 위해 오늘도 나는 새벽 세 시에 기름등잔을 켠다.

—권경숙

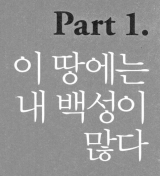

Part 1.
이 땅에는
내 백성이
많다

빌라리의 금메달

"빌라리! 빌라리! 조금만 더, 조금만 더!"

새하얀 눈밭을 전력 질주하던 빌라리가 드디어 결승선을 통과했다. 20.05초! 나는 빌라리를 부둥켜안고 "잘했다, 잘했어!"를 연발했다. 빌라리도 자신의 완주가 자랑스러운 듯 나를 힘껏 안으며 기쁨을 만끽했다. 시디와 모하메드는 25미터 경기에서 1등을 하고도 규칙 위반으로 실격하는 바람에 한바탕 눈물을 쏟았는데, 빌라리가 100미터 스노슈잉 예선을 통과하고 본선에서 금메달을 따자 이번엔 기쁨의 눈물 바람이다.

열사의 땅 아프리카에서 집 밖으로도 나가기 힘든 장애가 있는 아이들을 끌고 사막을 넘고 바다를 건너 평창까지 온 것, 그 이상의 기적은 없을 거라 생각했다. 그런데 태어나 눈 한번 구경해 보지 못한 빌라리가 동계 올림픽에서 메달을 따다니!

빌라리가 금메달을 따자 나는 인터뷰를 준비시켰다. 준비라 해 봐야 빌라리에게 국적과 이름을 주지시키는 정도지만 말이다. 여기저기서 터지는 플래시 세례에 빌라리는 마비된 듯 서 있었다. 처음 당해 보는 상황에 당황하여 엄마 치맛자락을 놓지 못하는 어린애 같이 내 팔을 잡고 늘어진다. 하얀 눈밭 위에 선 빌라리의 까만 피부가 더욱 도드라져 보였다.

 메달을 딴 빌라리는 생전 처음 인터뷰라는 것을 했다. 나이는 서른이 다 되었지만 지능은 일곱 살 아이보다도 못한 빌라리는 아니나 다를까 자기 이름을 또 '마이클 잡스'라고 소개하며 아무도 알아듣지 못할 말들을 쏟아 놓고 있었다. 빌라리가 하도 엉뚱한 소리를 하니까 취재진들은 당황하며 어쩔 줄 몰라했다. 잡스, 아니 빌라리가 인터뷰하는 모습을 보며 나는 깔깔깔 웃었다. 정신이 말짱한 취재진들이 빌라리의 인터뷰를 알아서 잘 편집할 테니 걱정은 하지 않았다. 그보다는 '마이클 잡스'가 모리타니로 돌아가 사람들에게 어떻게 말할지 상상하니 저절로 웃음이 터져 나왔다. 모리타니 사람들은 빌라리가 또 정신을 놓았다고만 생각할 것이다. 빌라리가 자기의 인터뷰 무용담을 아무리 떠들어 대도 마이크나 카메라를 한 번도 본 적이 없는 모리타니 사람들은 인터뷰가 무엇인지 이해하기 힘들 테니까.

 2013년 평창 동계 스페셜올림픽에는 역대 최다인 106개국에서 약 3,000여 명의 선수단이 참가했고, 단 네 명이 참가한 우리 모리타니 팀은 금메달 한 개, 은메달 한 개라는 굉장한 성적을 거두었다. 눈밭 대신 모래사막에서 막대 스키를 타며 연습한 결과라고는 믿을 수 없는 대단한 성과다. 그러나 더 중요한 것이 있었다. 아무리 설명해도 알 길 없는 추운 겨울과 하얀 눈, 미끄러운 얼음 그리고 마마의 나라인 한국의 산과 강을 아이들이 직접 보았다는 것, 하나님이 지으신 세상이 얼마나 신묘막측한지 직접 느꼈다는 것이다.

그렇다. 우리는 모래도 탄다는 지독히도 뜨거운 나라 모리타니에서 온, 평창 동계 스페셜올림픽 선수단이다. 20년 전, 우연히 모리타니로 여행을 왔던 노처녀 전도사는 '모리타니 마마'가 되어 이곳에 서 있다.

노처녀 전도사
유럽 가다

서른여섯 살이었던 나는 결혼도 하지 않은 채 광주의 방림교회에서 10년 가까이 전도사 직분을 맡고 있었다. 새벽 기도 전부터 밤 아홉 시까지 꼬박 교인들과 지냈다. 새벽 기도를 마치고 권사님들과 함께 콩나물 국밥을 만들어 교인들에게 대접하고, 집에 돌아오는 길에는 교인들 집을 일일이 심방하며 돌보았다. 휴가도 휴식도 없는 삶이었지만 은혜롭고 행복한 시간이었다.

그런데 내 나이가 우리 어머니께서 돌아가신 나이인 마흔에 가까워지자 문득 의문이 들었다. 어머니는 내가 겨우 여덟 살 때 하늘나라 주님의 집으로 가셨다.

'주님, 저를 어디다 쓰실 건가요? 이렇게만 쓰실 건가요?'

내 나이 또래의 여자들과는 다르게 나는 결혼이나 돈, 치장에는 관심이 없었다. 다만, 달력을 보며 날짜를 세는 데는 민감했다.

'주님 나라에 가면 편안히 쉴 터인데 지상에 있을 동안 마지막 한

방울의 힘까지 주님을 위해 쓸 수 있다면 이보다 의미 있는 삶이 있을까?'

사람들은 노처녀 전도사가 너무 강행군을 하다 보니 지쳤다고 생각하였을 수도 있다. 권사님들이 나만 보면 "전도사님이 이렇게 교회에만 매여 있으니 시집갈 틈이 어디 있누"라고 했으니까. 그러나 나는 그때 몸이 힘들거나 지쳐서 그런 생각이 든 것이 아니었다. 오히려 하나님께 더 기름 부어 달라고 간구했다. 나는 마흔이 되기 전에 새로운 시작을 하고 싶었다. 그래서 다음에 주님의 집에 가서 어머니를 만났을 때 지상에서 못다 한 이야기를 끝없이 하고 싶었다. 나는 담임목사님께 한 번도 요청한 적이 없는 휴가를 달라고 떼를 썼다. 휴가를 받아 여행을 떠나 세상이 얼마나 넓은지 보고 싶었다.

"목사님, 저 여행 좀 보내 주세요. 저 이렇게 있다가는 시집도 못 갑니다."

조금 전투적이다 싶을 정도로 애교를 부려도 목사님은 응답이 없었다. 만약에 보내 주지 않으면 사표를 내겠다고 마음먹고 있을 때 목사님께 답이 왔다. 다녀오라는 응답이었다. 교회에서 전도사로 섬긴 9년 동안 단 한 번도 뭔가를 요구한 적 없었던 내가 이렇게 당신에게 조르니, 목사님도 즉답을 하지 않으시고 기도하며 하나님께 응답을 구하셨던 모양이다.

이렇게 나는 23일의 휴가를 얻었다. 전도사 생활에서 얻은 첫 휴가였다. 어디로 갈까? 나는 지금 있는 곳에서 가장 멀리, 가장 넓은 곳으로 가 보고 싶었다.

'남들이 젊을 때 다 다녀온다는 유럽 한번 못 가 봤지. 그래, 유럽 여행을 가자!'

나는 그동안 저축해 둔 사례비까지 탈탈 털어 유럽 여행을 떠나기로 했다. 1992년 12월, 그렇게 배낭 하나 둘러메고 유럽으로 여행을 떠났다.

사막에 핀 백합화여!

　유럽에 도착해 나는 지치지도 않고 여행 책자에 나온 코스 그대로 고색창연한 유럽의 거리와 건물들을 구경하러 다녔다. 그런데 '유럽 여행 필수 코스'라고 소개하는 곳들은 내게 별다른 매력이 느껴지지 않았다. 낭만의 도시 파리도 나에게 감동을 주지 못했다.

　'여정을 바꿔야겠다.'

　어디로 갈지 지도를 펼쳐 보는 중 북아프리카가 눈에 들어왔다. 세네갈, 말리, 모리타니……. 내 눈은 낯선 아프리카 나라들을 훑고 있었다.

　'모리타니? 이름이 참 예쁘네.'

　지도에서 모리타니라는 나라의 영역은 온통 누런색이었다. 사하라 서부에 위치한 사막의 나라. 어떤 힘이 나를 끌어당기는 것 같았다. 나는 마치 그곳에 가야 할 중대한 목적이라도 있는 것처럼 서둘러 모리타니 비자를 받아 프랑스에서 스페인으로, 스페인에서 다시 모리타니로 날아갔다. 사막은 상상한 것 이상으로 광대했다. 비행기에서 내려다보니 온통 눈부시게 작열하는 흰 모래밖에 보이지 않았다. 하나하나의 모래 알갱이 속에서 빛이 새어 나오는 듯했다. 그 순간 이 세상에 끝이 없는 것은 무엇일까 생각했다. 내 눈앞에 펼쳐진 이 사막이야말로 하나님의 끝없는 은혜를 펼쳐 놓은 것 같았다.

'하나님, 이런 땅에도 사람이 삽니까? 만약에 저 땅에 사람이 살면 그 생명을 위해 일하겠습니다.'

나도 모르게, 생각지도 못했던 기도가 저절로 흘러나왔다. 얼마 후 이런 곳에 공항이 있을까 싶을 정도로 황량한 곳에 나를 태우고 온 구닥다리 소형 비행기가 착륙을 준비했다. 시골 간이역 같은 모리타니 공항은 활주로 길이가 너무 짧아서 아찔하기까지 했다. 비행기에서 내리니 하늘에서는 보이지 않던 사람들이 보였다. 눈과 치아만 하얗게 보이는 검은 사람들이 바글거렸다.

이후 며칠 동안 나는 낯설고 지독한 모래바람과 싸우느라 기진맥진했다. 바람이 불 때마다 붉은 모래 회오리가 나를 삼켜 버렸다. 눈을 감지 않을 수 없을 뿐 아니라 눈을 떠도 시야는 흙먼지에 가려 한 치 앞도 보이지 않았다. 내가 묵은, 모리타니 수도에 하나밖에 없는 호텔에는 물이 나오지 않았다. 씻지 못하는 건 둘째 치고 화장실도 갈 수 없었다. 식사라고 제공한 것은 고작 바게트 빵 몇 조각이 다였는데, 그마저도 모래가 씹혀 먹을 수가 없었다. 바람은 한시도 쉬지 않고 불고 기온은 50도를 오르내렸다. 가만히 서서 숨만 쉬고 있어도 지쳤다.

그런데 참 희한한 일이었다. 파리나 런던이 주지 못한 감동을 모리타니가 나에게 주는 것이다. 검고 큰 눈을 껌뻑껌뻑하는 사람들을 나는 호기심 어린 눈으로 관찰하기 시작했다. 남자든 여자든 모두 키가 커 나는 그들의 허리께나 가슴께밖에 오지 않았다. 모두들 흰 천으로 온몸을 감싼 채 마치 장막처럼 내 앞에 서 있었다.

그때 하나님이 내 눈앞에 환상을 보여 주셨다. 작열하는 흰 사막이 젖과 꿀이 흐르는 푸른 초지로 변하는 환상이었다. "사막에 핀 백합화여!"라고 나도 모르게 소리를 지를 뻔했다. 눈앞에 펼쳐진 광경이야말로 내게 주시는 말씀이 아니었을까. 사막에 샘이 넘치고 꽃이 피어 향내가 진동하는 것을 바라볼 때의 그 벅찬 가슴이란!

조용하지만 거부할 수 없는 주님의 음성이 들려왔다.

'이 땅에 내 백성이 많다.'

내 마음 깊은 곳으로부터 대답과 약속이 흘러나왔다.

'할렐루야! 주님, 주님이 쓰시는 대로 이곳에서 복음을 전하겠습니다.'

마음이 그렇게 평온할 수가 없었다. 천으로 둘둘 말아 메마른 장작 같은 그들의 모습에 생명의 물이 흐르는 기대감이 샘솟았다. 이곳은 주님이 지으셨으나 아직 주님의 말씀이 들어가지 않은 땅, 모리타니 이슬람 공화국이다.

사막에 딱 맞는
특수 체질

유럽 여행, 아니 모리타니 여행에서 돌아오자마자 나는 정든 교회에 사표를 냈다. 그간의 사역과 한국에서의 생활을 정리하고 선교사로서의 훈련을 받았다. 1994년 11월 27일, 마침내 나는 대한예수교장로회 총회를 통해 모리타니 이슬람 공화국으로 파송되었다. 이 모든 것은 순식간에 이루어졌다. 상상하지도 못했던 일이 그야말로 나에게 홀연히 일어났다.

예수님을 믿는 자들을 박해하던 사울이 다메섹으로 가는 길에 예수님을 영접하고 난 뒤 하나님께서 주신 진짜 사명이 무엇인지 깨달았던 것처럼, 나는 모리타니에 발을 내디디는 순간 나의 사명을 깨달았다. 나는 모리타니에 오기 전 지구상에 모리타니라는 나라가 있는 줄도 몰랐다. 그런데 이제는 모리타니가 하나님께서 내게 주신 시온의 땅이라는 데 한 점 의혹도 들지 않았다.

모리타니에 도착한 순간부터 나는 권경숙이 아닌 빈센트(가명)가 되었다. 만에 하나 내가 체포되어 아랍의 종교법정에 서더라도 그들이 내 정체를 파악하는 것을 지연시키려는 의도에서였다.

모리타니의 사막은 온 누리에 비단을 깔아 놓은 것처럼 눈부셨다. 그리고 작열하는 그 흰 사막 옆에는 서늘한 푸른 바다가 펼쳐져 있었다. 사막이 주는 고요, 사막이 주는 평안에 나는 푹 빠져 버렸다.

모리타니는 낮에는 섭씨 50도를 오르내리고 밤에는 낮보다 평균 12~17도 정도 떨어진다. 한국에서는 듣기만 해도 숨이 턱턱 막히는 온도지만 이곳에서는 저녁이 되면 덮을 것을 찾아 뒤집어쓰고 오들오들 떤다. 하루 중 대부분의 시간이 모래에 달걀을 깨뜨리면 바로 익어 버릴 정도로 뜨거운데 나는 에어컨 없이도 잘 버텼다. 좀 덥기는 해도 다행히 그렇게 고통스럽지는 않았다.

"견딜 만하세요? 탈이 날 때쯤 되셨는데……."

한 달쯤 되자 후원해 주던 방림교회 관계자들과 총회를 비롯한 주변 전도사님들로부터 전화가 왔다. 낯설고도 험한 곳에

여자 혼자 갔으니 걱정할 만도 했다. 모르긴 해도 다들 나를 위해서 기도하고 계실 터였다.

"아니요. 저는 아주 괜찮습니다. 더운 것도 참을 만합니다."

그들은 자신들의 걱정과 달리 잘 지내고 있다는 나의 답변에 놀라곤 했다.

"하나님께서 딱 적임자를 보내셨네요."

"네, 아파도 갈 병원이 없으니 아프지도 않는 것 같습니다."

나는 씩씩하게 대답했다. 단 한 번도 힘들다는 소리를 하지 않았다. 실제로 전혀 힘들지 않았다. 육신은 고단할 수밖에 없는 환경이지만 어디선지 몰라도 펄펄 기운이 났다. 모리타니에 도착한 지 한 달이 지나도록 나는 다른 사람이 다 겪는다는 풍토병에도 걸리지 않았다. 흑인이든 백인이든 황인이든 보통 사막에 오면 반드시 한 번은 풍토병을 앓는다고 한다. 사막 모래에는 이나 벼룩 같은 기생충도 있고, 다른 세균도 많아 피부병에 걸리기 쉽다. 이와 벼룩이 문 곳은 퉁퉁 부어올라 못 견디게 가렵기까지 하다. 그런데 나는 아무렇지도 않았다. 무엇보다 작열하는 태양빛에 피부가 상해 일광화상을 입거나 온몸이 부풀어오르는 태양 알러지에 시달리는 경우가 많은데, 나는 심지어 자외선차단제를 바르지 않아도 아무렇지 않았다. 다소 하얀 편인 내 피부는 잘 타지도 않았다. 한국에서는 늘 골골거릴 정도로 체력이 좋지 않았는데, 모리타니에 오니 그야말로 특공대처럼 힘이 넘쳤다. 병이 나도 갈 병원조차 없는 이곳. 나는 딱 사막 체질이었던 것이다.

누아디부에서
가장 싼 집

하나님이 만드신 사막은 아름다웠다. 그러나 그 아름다운 풍경 속에 오직 인간만 참혹한 모습을 하고 있었다. 끈 떨어진 슬리퍼를 끌고, 더없이 목마르고 지친 표정으로 내 앞을 지나갔다. 몇 걸음 가다 풀썩 쓰러질 것처럼 힘이라고는 하나도 없어 보였다. 아이들도 거지이고, 아이들의 손목을 잡고 가는 여인들도 거지이고, 그 여인들 옆에 있는 남편도 거지였다. 마른 물고기 토막 같은 사람들이 나를 물끄러미 바라볼 때마다 가슴 밑바닥에서 저릿저릿한 통증이 밀려왔다.

나는 수도가 아닌 바닷가 쪽에 있는 누아디부에 정착하기로 했다. 누아디부는 '사슴처럼 뛰는'이라는 의미다. 풀도 없고 양도 없는 곳에서 누아디부란 이름은 그들이 꿈꾸는 오아시스 같은 말이다. 젖과 꿀이 흐르는 땅을 소망하며 붙인 이름은 아니었을까?

누아디부에서 나는 방 하나에 부엌이 딸린 집을 월 40달러에 얻었

다. 중심가라고 해도 성냥갑 같은 판잣집이 잇따라 있는 것에 불과
했지만, 명색이 도시라고 집값이 비쌌다. 누아디부에서 가장 싼 집
을 구하고는 물만 마시면서 기도에 돌입했다. 서늘해지면 거리로 나
가서 나직이 찬송가를 불렀다. 그러면 신발을 만들고 수선하는 슈즈
메이커, 신기료장수들이 모여들어 관심을 나타냈다.

"무슈, 그 노래는 뭐예요? 영어 노래인가요?"

그들은 키가 작고 딱 벌어진 체격의 동양 여자를 대뜸 '무슈(아저
씨)'라고 불렀다. 특공대처럼 주머니 많은 바지에 짧은 스포츠형 머
리를 하고 있어서 더욱 그렇게 보였을지도 몰랐다. 나의 가녀린 목
소리를 듣고서야 '무슈'가 아닌 것을 알았는지 이번에는 "쁘띠 마담,
쁘띠 마담" 하면서 졸래졸래 나를 따라다녔다.

"이 노래 가르쳐 줄까?"

이렇게 해서 한 소절 한 소절 가르쳐 주면 그들은 거리를 누비면

서 찬송을 불렀다. 알아듣기 어려운 그들의 말이 내가 이방에 와 있다는 사실을 상기시켜 주곤 했다.

아프리카는 사하라를 중심으로 사하라 이북과 사하라 이남으로 나뉜다. 사하라 이남은 '사헬'이라고 부른다. 어감이 아름다운 만큼 경치도 아름답고 풍요로운 곳이다. 와와거리는 말들은 핫사니아어라 불리는 아랍 방언이었다. 핫사니아어는 아랍어와 비슷하지만 전혀 달랐다. 처음 볼 때는 다 똑같이 키 크고 검은 사람들이라고 생각했는데 자세히 보니 많은 종족이 섞여 있었다. 백(白)모로족(무어인으로 알려져 있다)이라고 불리는 피부색이 하얀 사람, 같은 모로족인데 피부색이 검은 사람, 사라코레족, 플라니족, 월로퍼족, 소니케족 이렇게 다섯 종족이 섞여 있다. 모리타니는 사헬에서 사하라를 가로질러 스페인이나 유럽으로 가는 관문에 있는 나라로, 아프리카의 다양한 종족이 함께 있는 독특한 곳이다. 나는 인종의 도가니에 와 있었던 것이다.

모리타니에서 나의 일과는 칸트의 시계 같았다. 하루도 빠짐없이 새벽 세 시에 일어나 기도하고 묵상하고, 성경 읽고, 혼자서 예배 드린 다음 아침을 먹고 거리로 나갔다. 교복을 차려 입고 첫 등교를 하는 중학생처럼 매일매일 기대감과 힘이 넘쳤다. 나는 단 한 번도 앓아눕지 않고 새벽 세 시만 되면 눈이 저절로 떠졌다. 어느새 나는 모리타니에 잘, 그것도 아주 잘 적응해 가고 있었다.

Part 2.
마담,
노래를 하는데
눈물이 나요

몸빼바지 신부와
추리닝 신랑

1월은 한국 같으면 한겨울이지만 모리타니는 1년 중 가장 선선한 때로 짧은 가을이다. 길고 긴 더운 여름과 짧디짧은 서늘한 가을, 모리타니에는 이 두 계절만 있는데, 당연히 모두들 이 시원한 계절을 좋아한다.

모리타니의 여느 가을날처럼 선선했던 1995년 1월 3일, 이곳에 온 지 한 달이 조금 넘은 날이었다. 사막 한가운데 있는 우리 집 마당에 틀어 놓은 비디오테이프에서는 바다 건너 저 멀리 한국 땅에 있는 목사님의 목소리가 흘러나오고 있었다. 다름 아닌 주례사였다. 모리타니에서 한 번도 본 적 없는, 한국에서는 상상할 수 없는 기상천외한 결혼식이 사하라사막 위에서 펼쳐졌다. 웨딩드레스 대신 몸빼바지를 입은 신부와 이브닝 슈트 대신 추리닝을 입은 동갑의 신랑이 두 손을 꼭 잡고 그 가운데 서 있었다.

"신랑 함재학과 신부 권경숙은 하나님과 모리타니 선교지 앞에서 부부가 된 것을 서약합니까? 기쁠 때나 슬플 때나 아플 때나 괴로울 때나 서로 존중하고 사랑하며 감싸 주며 하나님께서 맺어 주신 부부의 축복을 함께 지켜 가기를 서약합니까?"

메아리도 없는 사하라사막에서 우리는 서로에게 메아리가 되기로 다짐했다. 그가 내 손가락에 끼워 준 얇은 은반지가 저녁 햇살에 순결한 빛을 던져 주던 것이 아직도 눈에 선하다. 남들이 보면 이역만리에서 하는 가난하고 외로운 결혼식이었을 것이다. 하객으로 참석한 사람은 증인이 되어 줄 한국인 한 사람뿐이었다. 그러나 우리는 그 순간, 그 누구보다 행복하고 충만했다. 서른여덟이란 젊지 않은 나이에 하나님이 보내 주신 짝을 만나 서로 보살피며 살게 되었으니 말이다.

총회에서는 여자 선교사, 그것도 기혼의 선교사는 잘 파송하지 않으려 한다. 어떻게 보면 차별이고, 어떻게 보면 가정을 지키기 위한 배려다. 나는 파송받기 전에 총회에다 미리 "모리타니로 가면 바로 결혼할 겁니다"라고 통고했다. 그러고는 목사님께 주례사를 비디오테이프에 녹화해서 담아 달라고 부탁했다. 목사님은 2주일이나 걸려서 주례사를 녹화해 주셨다. 내가 한 유일한 결혼 준비는 바로 이 주례 테이프 하나였다.

남편은 결혼식 하루 전날인 1월 2일, 외항선 선장을 은퇴하고 주변을 정리한 후 모리타니로 왔다. 스페인 선적의 배를 타는 선장이었던 그는 나와 결혼하면서 전혀 다른 삶을 살게 된 것이다.

남편과 결혼해야겠다고 결정한 것은 모리타니에 처음 발을 디디면서였다. 남편을 알게 된 지는 5년이 되었지만 그 전까지는 단 한 번도 결혼을 생각해 보지 않았다. 독신으로 지낼 마음은 없었지만, 그렇다고 그동안 그 누구와 결혼하고 싶다고 생각한 적도 없었다. 콧대가 높아서도 아니고, 콤플렉스가 있어서도 아니었다. 바빠서는 더욱 아니었다. 세상에 바쁘다고 결혼 안 하는 사람은 없을 테니 말이다. 그동안 남편은 끊임없이 나에게 구애했지만 나는 가정을 꾸려야겠다는 마음이 전혀 들지 않아 결혼 이야기만 나오면 답을 하지 않았다. 그러고 보면 남편은 5년간이나 나를 줄기차게 졸랐으니, 끈기 하나는 제대로 있는 남자임에 틀림없었다.

내가 유럽에 간다고 하자 아프리카에 있던 그가 나를 만나러 파리로 날아왔다.

'아무것도 아닌 나 같은 사람을 만나기 위해서 여기까지 오다니.'

햇빛에 그을고 비쩍 마른 그를 보니 측은한 마음은 들었지만 그뿐이었다.

그러나 일주일 뒤, 모리타니에서 하나님께 서원하고 나자 이상하게도 갑자기 그가 생각났다. 이 광활한 사막에 내가 잘 적응할 수 있도록 도와줄 조력자가 아닐까 하는 마음이 들었다. 그때부터 나는 그에게 앞으로의 내 인생, 구체적으로 모리타니에서 하게 될 사역에 대해서 터놓고 이야기했다.

"모리타니에 선교사로 갈 거예요. 결혼을 하더라도 그곳에서 하고,

살더라도 그곳에서 살아야 합니다."

"선교사로 파송되면 교회 개척하는 것을 돕겠습니다."

그는 "결혼만 해 준다면 무엇이든 예스"라고 대답했다. 인간에게도 상대방이 무엇을 하든 상대방을 위해 모든 것을 헌신하는 무조건적인 사랑이 있을까? 돈 따지지 않고, 외모 따지지 않고, 집안 따지지 않고, 학벌 따지지 않는 결혼이 있을까?

나는 그동안 인간에게는 그런 헌신적이고 무조건적인 사랑이 없다고 생각했다. 돈, 외모, 집안, 학벌을 따지지 않는 그런 결혼은 불가능하다고 생각했다. 하지만 내가 한 번도 상상하지 못한 끌림이 내 의지와 무관하게 일어났다. 결혼하게 된다는 것, 진짜 짝을 만났다는 그 자체로 벅찬 감동이 밀려왔다. 남편과 나는 서로 이렇게 짝을 맺어 주신 하나님의 사랑을 무엇으로 보답할지만 생각했다.

우리는 결혼식을 계획하면서 결혼식 비용 전액을 교회를 개척하는 데 쓰기로 했다. 예단은 시부모님께 선물한 보료 하나와, 한복감 한 벌이 전부였다. 9남매나 되는 남편의 형제들에게는 결혼하게 되어 감사드린다는 카드를 보낸 게 다였다.

하나님이 나에게 보내 주신 짝인 남편은 그야말로 내가 일부러 만나려고 해도 만날 수 없는 사람이었다. 해와 달처럼, 만남이 이루어지려면 기적이 있어야 하는 커플이었다. 그는 원양어선을 타기 때문에 늘 바다에 떠 있었고, 나는 늘 땅에 발을 붙이고 있었다. 나는 은혜로운 사람들 속에 있었고, 그는 강파른 선원들 속에 있었다. 그는 키가 컸고, 나는 키가 작았다. 그는 비쩍 말라서 장대와 같았고, 나는 통통했다. 그는 강원도 외딴 바닷가 마을 사람이었고, 나는 깊은 산으로 둘러싸여 함박눈이 자주 내리는 전라도 사람이었다. 그와 나는 심지어 같은 시간 속에 있는 것도 아니었다. 그가 있는 곳이 낮이면 내가 있는 곳은 밤이었다.

그런 그와 나 사이를 이어 준 것은 마음을 받아 적은 편지와 하나님이었다. 교회라고는 어릴 때 집 근처에 있던 감리교회에 두어 번 나간 것, 집안일을 하라고 할 때 하기 싫어서 교회로 도망가 숨어 있던 것이 전부인 그는 나와 편지를 주고받으면서 하나님을 영접했다.

하지만 하나님을 모른 채 평생 배만 타던 남편이 어느 날 갑자기 나의 삶에 뛰어들어서 나처럼 산다는 건 불가능해 보였다. 그런 남편의 입술에서 나온 고백은 기적과도 같았다. 남들처럼 둘이 만나 영화를 보러 가고 음식점에 가 밥 먹고 차 마시는 데이트는 한 번도 하지 못했지만, 이상하리만치 모든 것을 다 해 본 것 같고 다 채워진 것 같은 기분이었다. 이러한 충만함은 오히려 우리만 맛보고 있을 거라는 생각이 들 정도로 행복했다.

"더 이상 배를 타지 않고, 선교사인 당신을 위해 내가 할 수 있는 것은 모두, 아니 할 수 없는 것까지 모두 하겠소."

늦은 나이에 가정을 꾸리는 대가로 그는 자신이 가진 모든 것을 하나님 앞에 바쳤다. 새벽 네 시부터 일어나서 기도를 하고, 성물을 마련하고, 모리타니 사람들을 돕는 일을 모두 나와 함께했다. 신혼여행은커녕 몸뻬바지를 벗을 새도 없이 바쁜 나날이었다. 신기하게도 남편은 한 번도 투덜거리거나 힘든 내색을 하지 않고 오히려 늘 기쁨이 가득한 얼굴을 하고 있었다. 그런 남편을 보고 있자니 나도 힘이 절로 생기고 마음이 든든해졌다. 우리는 그 다음 해 건강한 아들을 낳아 늦깎이 엄마 아빠가 되었다. 물질도 풍족하지 않고 환경도 열악했지만 우리는 감사로 충만한 시간을 보냈다.

신기료장수들이
찬송을 전하다

남편과 나는 이제 이 척박한 황무지 같은 땅에서 어떻게 하나님께 예배해야 할지, 또 함께 예배드릴 하나님의 사람들을 어떻게 세워야 할지 고민하고 기도하기 시작했다. 예배드릴 성전이 없으니 우선 노방전도를 해야겠다고 마음먹었지만, 이슬람 지역에서는 노방전도를 할 수 없다. 이 모순을 어떻게 해결해야 할까? 더구나 나는 약점이 많았다. 우선 현지인들의 말은 전혀 알아들을 수 없었으며, 프랑스어도 짧았고, 영어도 짧았다. 내 말을 알아들어야 하는 모리타니 사람들도 자신들의 사투리 외에는 언어가 짧기는 마찬가지여서 말을 해도 '쇠귀에 경 읽기'가 될 확률이 높았다.

그러나 나는 잠자는 시간 외에는 거리에 나와 있었다. 프랑스어와 아랍어를 한창 배우는 중이어서 말은 더듬거렸지만, 만국 공통어인 몸짓과 눈짓으로 의사소통을 충분히 할 수 있었다. 집을 나설 때 빵 몇 개를 주머니에 넣고 다니면서 신기료장수들을 찾아다녔다. 이곳

40

사람들은 가죽 슬리퍼를 신는데, 떨어지면 몇 번이고 기워서 신는다. 그 슬리퍼를 고쳐 주는 사람이 바로 신기료장수다. 나는 신기료장수들을 찾아다니며 유일하게 잘할 수 있는 영어 찬송을 불렀다.

"지금 부르고 있는 노래가 뭐예요?"

"가르쳐 줄까요?"

찬송가 337장 〈인애하신 구세주여〉, 88장 〈내 진정 사모하는 친구가 되신 주〉 같은 찬송 몇 곡을 나는 늘 흥얼거렸다. 그들은 가사가 영어로 되어 있으니 그게 신기한 모양이었다. 나만 가면 내가 부른 노래가 무엇인지도 모른 채 영어 노래를 가르쳐 달라고 붙잡곤 했다.

그들 눈에 나는 정체가 궁금한 사람이었다. 모리타니로 요양을 오거나 관광을 오는 사람은 거의 없다. 아무런 연고도 없는 곳에 살러 오는 사람은 더더구나 없다. 외국 NGO들이 있지만 그들은 몇 주 머물다가 간다. 사업차 온 것도 아니고, 관광차 들른 것도 아닌 한 이방인. 그들에게 그 이방인은 늘 시장 바닥을 돌면서 행복한 얼굴로 영어 노래를 부르며 다니는 사람이었다.

모리타니에서 가장 입에 풀칠하기 어려운 계층인 신기료장수들은 하루에도 수많은 사람을 상대하다 보니 낯선 사람에 대한 경계가 비교적 없는 편이다. 신기료장수들은 대체로 낙천적인 데다 사람을 좋아한다. 그들을 볼 때마다 아마도 그들의 조상은 예수님이 오신다고 길가에서 춤을 추던 바로 그 가난한 사람들이 아닐까 하는 생각을 하곤 했다. 그들은 곤고한 가운데서도 늘 기쁨을 갈망하고 있었다.

워낙 노래와 춤을 좋아하는 사람들이라 그런지 찬송을 금방 배워서 따라 했다. 그들은 슬리퍼를 기우면서 찬송을 흥얼거렸다.

"마담, 이 노래를 부르고 있으면 이상하게 눈물이 나요."

"부르면 기쁨이 오고, 평화가 오는 노래라서 그래요."

이상하게 울렁거린다는 사람, 눈물이 난다는 사람, 가슴이 뛴다는 사람, 기뻐서 마구 뛰어다니고 싶다는 사람 등 찬송에 대한 반응은 가지각색이었지만, 찬송을 통해서 성령의 역사가 일어나고 있음을 감지할 수 있었다.

신기료장수들은 영어권인 가나 사람들을 만나기도 했는데, 그들은 신기료장수에게 나의 이야기를 듣고 조심스레 나를 찾아오곤 했다. 누아디부 거리에 찬송이 입에서 입으로 전해지면서 사람들이 하나둘 내 주변으로 모여들기 시작했다. 경찰은 눈을 번뜩거리며 낯선 이방인인 나의 동향을 주시했지만 나의 행동에 딱히 걸릴 만한 것은 없었다. 경찰들은 시장의 분위기가 달라진 것을 감지하지 못했겠지만 나는 감지할 수 있었다.

사람들 중에는 정말 하나님께 예배를 드리고 싶어 하는 사람도 있었다. 가나 등 영어권에서 세례를 받은 크리스천들과 찬송에서 감동을 받은 신기료장수들이었다.

나는 이방인이었고 주시의 대상인데 예배 처소를 어떻게 마련할까? 이제부터는 영적인 전쟁뿐 아니라 물리적인 고난도 각오해야 하는 시점이었다. 나와 남편이 예배를 드리는 건 괜찮지만 신기료장수들을 비롯한 아프리카 사람들까지 모여 예배를 드리는 것은 그만큼 조심스러웠다. 경찰이 마음만 먹는다면 모두 체포할 수 있었다. 나는 알라를 배신한 죄로 종교법정에 끌려가서 추방당하거나 감옥에 갇힐지도 몰랐다. 그러나 나는 교회를 개척하는 데 두려움이 없었다. 희한하게도 모리타니로 파송되기 전에도, 파송되어 와서도 그랬다.

신기료장수들은 나에게 교회를 개척하면 경찰이 와서 모든 사람을 연행해 갈 거라고 귀띔해 주었다. 그들은 그야말로 걸어 다니는 누아디부의 방송국이자 신문이었다. 이들은 거리를 휘젓고 다니면서 경찰의 동향을 비롯한 온갖 소문을 나에게 전해 주었다.

이슬람 국가에서 예배를 드리게 해 달라는 간구는 곧 기적을 베풀어 달라는 기도였다. 그들은 법으로 알라만 믿을 수 있게 제한하고 있을 뿐 아니라, 종교 경찰들이 스파이처럼 사람들을 감시하고 있다. 그렇기 때문에 우리가 할 수 있는 일은 끊임없이 기도하며 예배할 수 있는 곳을 달라고 간구하는 것뿐이었다. 하나님이 언제, 어떻게 응답하실까 하루하루 간절히 기다렸다.

50일간의 금식 기도

1995년 3월부터 나와 남편, 누아디부에 있는 한국인들과 아프리카인을 합해서 열세 명이 금식 기도에 들어갔다. 예배드릴 곳을 마련해 달라는 우리의 기도에 응답받고자 함이었다.

장소는 이미 준비가 되어 있었다. 남편과 나는 집을 얻으면서 월세 300달러인 꽤 규모가 큰 이층집을 얻었다. 1층은 우리가 기거하고 2층은 예배 처소로 쓰려고 말이다. 월세 및 전기세 등 관리비는 모두 남편이 부담했다. 내게 송금되는 선교비는 한 달에 375달러로, 모리타니 사람들에게 나눠 줄 음식을 사기에도 모자랐다. 생활비로 10분의 4를 쓰고 나머지는 모두 교회 운영비로 보탰다.

"교회를 세우는 일은 내가 하는 것이 아니라 하나님이 하시는 것입니다. 여러분이 금식하며 간구해 보세요. 하나님이 응답하시면 그때 교회가 세워질 것입니다."

그 확증은 무엇보다 나에게 필요했다. 광야 한가운데서 꺼지지 않는 거대한 모닥불로 타오르도록 기름을 부어 주셔야 구석구석에 흩어져 사는 아프리카 사람들이 찾아올 수 있을 터였다. 우리는 아침 여섯 시부터 오후 여섯 시까지 열두 시간 동안 물 한 모금도 먹지 않은 채 기도에 매달렸다. 아무것도 먹지 않으면 사람들을 돌보지 못할 것이기 때문에 저녁 한 끼는 먹었다. 우리는 그렇게 50일 동안 금식 기도를 했다.

영적인 기쁨을 누리는 사람은 흔들림이나 두려움이 없다. 예배 처소를 허락해 달라고 금식하며 응답을 구하는 현지인들조차 두려움이 없었다. 금식에는 임마누엘, 딕슨, 마마텍, 모세, 쿨리쿨리, 시다트 등 세례를 받은 크리스천이 참여했다. 언제 종교 경찰에 끌려갈지 모르는 상황이었지만 기도하는 내내 우리는 기쁨으로 충만했다.

'주님의 때는 언제인지요? 주님께서 허락하시면 기쁘게 예배드리겠습니다. 예배를 드릴 수 있다는 것이 이렇게 큰 기쁨이라는 것을 예전에는 몰랐습니다.'

정말 그랬다. 한국에서는 늦잠이나 피곤, 일을 핑계 대며 예배를 안 드려서 문제지 예배를 드리지 못할 사정은 없지 않았던가.

그러나 교회를 개척하는 것을 내 욕심을 앞세워 서두르고 싶지 않았다. 비록 지금은 각기 누추한 집에 모여서 예배드리지만 언젠가는 마른 땅 중에서도 고르고 고르신 반석 위에서 예배를 드리게 될 것이라는 믿음이 있었다.

아프리카의 드물고 드문 크리스천들의 갈급함은 이루 말할 수 없었다. 단지 내가 찬송을 가르쳤다고 그들이 나에게 왔겠는가! 그들의 마음에 갈급함이 있는데 내가 생수를 들고 간 셈이었다.

영국 식민지였던 나라들은 종교의 자유가 보장된 나라가 많다. 사하라 이남의 가나 같은 나라가 그렇다. 그러나 프랑스 식민지였던 나라들, 그러니까 모리타니나 말리, 세네갈 등은 하나같이 이슬람 국가다.

금식 기도를 끝내고 남편과 나는 교회를 개척할 준비를 했다. 2층에 예배실을 마련하기 위해 남편은 현지인 목수 한 명과 함께 강대상과 의자 등 성물을 만들기 시작했다. 직접 하나하나 대패로 밀고 톱으로 자른 다음 꼼꼼하게 사포질을 하고 못질을 했다.

그러나 경찰이 가만히 있을 리 없었다. 아프리카 사람들이 가야 할 모스크에는 안 가고 모여서 기도한다는 소문이 들리자 그들은 시장 상인들을 협박하고 다녔다.

"코리안에게 나무 팔지 마. 못도 팔지 마!"

아프리카 사람들은 경찰 앞에서는 "예, 예" 하고 머리를 조아리지만 돌아서면 금세 무시했다. 돈을 주는데 그들이 안 팔 리가 없었다. 남편은 수입한 나무 중에서 가장 좋은 두꺼운 송판을 골라 왔다. 나무가 떨어지면 그들은 주문해 놓고 남편이 올 때까지 기다렸다. 그 동안 우리는 경찰의 심기를 불편하게 하지 않으려고 더욱 조심했다. 우리가 거래하는 상인들 중에도 종교 경찰이 숨어 있을지 몰라 늘 말과 행동을 조심했다.

남편이 나무로 강대상 및 의자, 테이블 등을 만드는 넉 달 동안 경찰은 집 앞에다 아예 차를 세워 놓고 호시탐탐 우리를 노리고 있었다. 아침이 되어 남편과 내가 집을 나갈 때면 숨바꼭질이 벌어졌다. 내가 집을 나가는 순간부터 누군가 꼭 일정 거리를 유지하면서 따라붙었다. 머리부터 발끝까지 통으로 연결된 이슬람식 옷을 입고 있으면 누가 누군지 잘 구분이 가지 않지만 크리스천이 아닌 것만은 분명했다. 우리를 감시하는 사람들이 누군지 나는 몰랐다. 아니 그 사람이 누군지 알 필요도 없었고, 겁을 먹을 이유도 없었다.

모슬렘의 나라에서
올린 첫 예배

1995년 4월 28일, 어둠을 가르고 세 대의 차가 서치라이트를 켜고 깜깜한 길을 달려왔다. 문 앞에 유엔군 차가 주차하자 뒤이어 교인들이 하나둘씩 어둠의 장막을 젖히고 나타났다. 그들의 두 눈이 별처럼 빛났다. 하나님은 슬픔에 갇혀 있던 서른두 명의 검은 얼굴 모두를 기쁨으로 빛나게 하셨다.

오는 순서대로 속속 앞자리부터 채워 자리가 꽉 찼다. 첫 예배를 드리는 데는 여덟 시간이 걸렸다. 다섯 명이 강대상 앞에 서서 영어, 프랑스어, 가나어, 현지어인 뿔라어로 동시통역해서 예배를 드리다 보니 시간이 길어질 수밖에 없었다. 여덟 시간 내내 벅찬 기쁨의 눈물을 흘렸다는 것 외에는 그날의 상황을 글로 표현할 길이 없다. 말씀 하나하나가 영혼을 어루만지는 역사가 일어난 시간이었다. 그날 드린 우리의 예배는 누아디부뿐 아니라 모리타니에 축복의 문을 열었다.

그 다음 주일부터 교인들은 의자를 머리에 이고 아직 어둠이 걷히지 않은 길을 걸어왔다. 새로 교회에 오는 사람들은 자신의 의자를 챙겨 왔다. 그들은 좌식 문화가 아니다 보니 의자가 없으면 불편해했다. 아이가 따라오기도 하기 때문에 의자는 늘 부족했다. 이것은 남편이 의자를 만드는 속도보다 교인들이 늘어나는 속도가 더 빨랐다는 뜻이기도 하다. 동이 트기 전부터 무거운 의자를 이고 십 리 길을 걸어오는 수고도, 뙤약볕 아래 의자를 이고 다시 걸어가야 하는 수고도, 배고픔도, 진리를 찾고자 하는 이들의 열망 앞에서는 모두 무릎을 꿇었다.

'이런 곳에 이제야 교회가 생기다니……. 주님, 잘못했습니다.'

그동안 누구도 모리타니에 복음이 전해지리라고 생각하지 못했을 뿐이지 그들에게 진리를 향한 열망이 없었던 것은 아니다. 금식 기도로 교회의 문을 연 열세 명의 아프리카인들이야말로 이 검은 대륙에 복음을 전파할 밀알이었다. 기도하는 가운데 하나님은 그들을 세우실 계획을 말씀으로 보여 주셨다.

하루 서너 시간밖에 자지 못하고 예배를 준비하는 강행군 속에서도 나는 단거리달리기 선수처럼 질주했다. 새벽 예배에 참석하는 아프리카인들이 서른 명이 넘었다. 예배를 드리고 나면 바닥에 땀과 눈물이 흥건했다. 주일예배에 참석하는 인원이나 새벽 기도에 참석하는 인원이나 별 차이가 없을 정도로 뜨거웠다. 복음이 서서히 불붙어 가는 것을 보는 벅찬 감동은 한국에 있었다면 절대로 느끼지 못했을 은혜였다.

쪽복음의 역사

교회를 개척하자 기적과 같은 일들이 잇따라 일어났다. 우리 교회 교인인 딕슨은 초등학교를 나왔다고 했지만 영어 성경책을 전혀 읽지 못했다. 그는 스물일곱 살의 청년으로 결혼은 하지 않았지만 여느 모리타니 사람처럼 아이는 있었다. 교회를 개척한 이후로 새벽 기도 때마다 한 시간씩 성경 읽기를 했을 뿐인데, 한 달 반이 지난 후 딕슨은 영어 성경을 줄줄 읽어 내려갔다.

'아, 하나님이 일꾼이 급하게 필요하셨나 보다!'

하나님은 딕슨에게 언어의 은사를 주셨다. 그 덕분에 딕슨은 프랑스어와 아랍어도 금방 배워서 프랑스어로 된 성경책도 막힘없이 읽어 냈다. 내가 영어로 설교하면 딕슨이 옆에 서서 통역을 했다. 딕슨뿐 아니라 다른 아프리카 사람들도 언어의 은사를 받은 사람이 많았다. 학교 근처에도 못 가 본 사람들이 어느 날부터 거짓말처럼 성경을 줄줄 읽기 시작하는데 나도 놀라고 그들도 놀랐다.

대부분의 모리타니 사람들이 아직도 문맹이다. 경찰조차 영어나 프랑스어를 못하는 사람이 많아 검문소에서 검문을 받을 때 보면 시청에서 준 공문을 거꾸로 드는 경우도 있고, 무슨 내용인지 물어보는 사람도 있다. 알카에다 때문에 예나 지금이나 누아디부에서 수도까지 가려면 열일곱 개나 되는 검문소를 거쳐야 하는데 경찰의 절반쯤이 문맹이다. 경찰이나 공무원이 이러할진대 일반인의 수준은 말해 무엇 하겠는가.

원래 아프리카 사람들이 말하기 좋아하고 나서기 좋아하는 낙천적인 성격이어서 언어를 구사하는 데 달란트가 있다고는 하나 이렇게 빨리 배우게 될 줄 몰랐다. 그 덕분에 나는 의사소통의 괴로움에서 조금은 놓였다. 내 귀는 빠른 아프리카 말이나 프랑스어를 따라잡기에는 역부족이었고, 그럴 때마다 딕슨 같은 교인들이 큰 도움이 되었다.

가나에서 세례를 받은 프린스는 성가대를 이끌었다. 프린스는 하나님의 귀에 아잔(이슬람교에서 예배 시각을 알리기 위하여 큰 소리로 외치는 일) 소리가 들리지 않게 크게 찬송을 부르자며, 누아디부 시가 들썩거릴 정도로 열정적으로 찬양했다. 프린스의 소원대로 찬양 소리는 멀리까지 울려 퍼져 새벽마다 들리는 이슬람 사원의 아잔 소리를 묻어 버렸다. 한국 같으면 새벽 찬양을 두고 '소음 공해' 운운하며 항의하는 사람도 있지만 이곳에서는 오히려 평화와 안전의 상징이 되었다. 찬양 소리를 들으면 사람들이 마음 편하게 잠을 잘 수 있었다. 새벽 기도에 나오는 교인 수가 점점 늘어나 마흔 명쯤 되자 동네에서 극성을 부리던 도둑이 자취를 감추었기 때문이다. 누아디부에서 중산층이 사는 동네나 외국인 선원들이 사는 동네는 도둑들의 표적이었다. 모슬렘들은 새벽 네 시까지 먹고 마시다가 잠들기 때문에 그 시각에는 말 그대로 누가 업어 가도 몰랐다. 도둑들은 모슬렘들이 잠들기를 기다렸다가 새벽 다섯 시쯤 담을 넘고 들어갔다.

그런데 네 시 반만 되면 교회에는 교인들이 모여들기 시작해 다섯 시부터 불을 환하게 밝히고 새벽 기도를 드리니 도둑들이 감히 교회 근처 집들에는 얼씬도 할 수 없었다. 게다가 경찰이 교회를 늘 감시하는 덕분에 인근까지 치안이 완벽했다. 예수님을 믿지 않는 사람들조차 자신들의 생명과 재산을 교회가 보호하고 있다는 데 하나같이 동의했다. 교회를 누아디부의 중심으로 세우신 하나님의 방식은 참으로 절묘했다.

나는 새벽 기도를 드리기 전에 한 시간 동안 성경을 읽은 다음에 새벽 기도를 시작했다. 새벽 기도가 끝나면 까막눈 교인들을 위한 본격적인 영어 수업이 시작되었다. 수업 방식은 영어 성경을 읽고 베껴 적게 하는 것이 전부였다. 모든 교인에게 올해가 가기 전에 성경을 한 번 통독시키는 것이 목표가 되었다. 영어나 프랑스어를 조금이라도 할 줄 아는 사람들에게는 위성 텔레비전의 기독교 채널을 통해 말씀을 듣게 했다. 말씀에 대해 궁금한 것이 있으면 누아디부 해변을 함께 거닐면서 이야기해 주었다. 바닷가에서는 종교 경찰들이 아무리 나를 감시하고 싶어도 파도 소리에 묻혀 내 목소리가 들리지 않을 터였다.

시장이나 거리를 다니면 '크리스천 마담'인 내게 말을 걸고 싶어 하는 사람들이 늘어났다. 그들은 한때 나에게 돌을 던지며 쫓던 사람들이었다. 자신에게 이익이 되면 달려들고, 이익이 되지 않으면 내치는 인심은 여기라고 다르지 않았다.

나는 그들에게 웃으면서 인사했지만 다가가서 전도하지는 않았다. 그들은 단지 내게 호기심을 가지는 것일 뿐이었다. 그들이 복음이 무엇인지 알고 싶어 하면 그때 우리 교인들이 성경 말씀을 적은 작은 쪽지를 전했다. 쪽지에 있는 내용이 무슨 뜻인지 그들끼리 대화하고 말씀을 암송하면서 점점 교회로 인도되었다. 쪽복음을 접한 사람들이 모이기 시작하면서 널찍하던 예배당이 비좁아지기 시작했다.

하나님의 복음은 누가 막는다고 해서 막히는 것이 아니며, 사람이 나서서 전한다고 전해지는 것도 아니다. 시장통에서 무작정 복음을 전한다고 그들이 교회로 오겠는가? 아마도 나만 경찰에 잡혀가서 추방당했을 것이다. 조용히 순종하고 기다리며 하나님의 역사를 준비하고 기대하는 것, 모리타니 땅에서 나약한 인간인 내가 해야 하는 일은 그것밖에 없음을 하루하루 확인해 나갈 뿐이었다.

저들을 창녀에서
벗어나게 해 주세요

아프리카에서는 여자든 남자든 일상 자체가 고통이다. 핏기 없이 핼쑥한 얼굴로 며칠을 굶었노라고 고백하는 사람에게 한두 끼 먹이는 것만으로는 해결되지 않는 주림이 있었다. 여자들은 쉽게 돈을 벌 수 있는 길을 택했다. 그들은 먹고살기 위해 고향을 떠나는 순간 창녀가 되었다. 도시로 가려면 차를 타야 하는데, 그러기 위해서 몸을 팔았다. 당장 먹을 빵 하나, 물 한 병을 얻기 위해서도 그랬다. 결혼해서 가정을 꾸려도 사정은 달라지지 않는다. 이번에는 먹고살 길이 없는 남편들이 아내를 창녀로 내몰았다. 아내가 매춘을 하는 동안 밖에서 경찰이 오는지 망을 보기까지 한다. 매춘을 해서 돈을 많이 버냐 하면, 그렇지도 않다. 단돈 2달러를 위해서 그들은 자신의 몸을 팔아야 했다.

교회에 오는 여자들의 사정도 비슷했다. 그들이 교회에 처음 왔을 때는 더럽기 짝이 없었다. 머리는 산발이 되어 마구 엉키고 뻣뻣

한 데다 이도 있었고, 옷이나 신발도 제대로 걸치지 않았다. 입을 옷이 없다 보니 가슴을 다 드러내 놓고, 팬티조차 입고 있지 않았다. 게다가 여자든 남자든 아무나 유혹하는 버릇을 가지고 있었다. 예배를 끝내고 교인들을 배웅하기 위해 나와 남편이 대문 앞에 서 있으면 여자들이 남편에게 몸을 던져 안길 정도였다. 몸에서는 창녀 특유의 냄새가 났는데, 구토를 유발할 만큼 심각했다. 그 냄새는 모리타니 사람들도 고개를 돌릴 정도로 싫어했지만 물과 비누가 없어서 제대로 씻지도 못했다.

"주님 앞에 나갈 때는 깨끗한 모습으로 나가자."

나는 그들의 몸에 숯가루를 바르고, 그 위에 레몬즙을 발라 주었다. 30분 정도 지나 즙이 마르면 씻어 내고, 이번에는 비누칠을 해서 뽀득뽀득 씻겼다. 이렇게 몇 번 씻고 나면 몸 파는 여자가 아닌 여염집 아낙처럼 매끈해졌다.

인간은 죄를 회개하고 하나님이 주시는 사랑으로 살 때 진정 인간답게 살 수 있다. 그러나 극한의 굶주림은 이들을 죄와 비참함의 늪에서 빠져나오지 못하게 했다.

'지혜를 내어 저들의 일터를 마련할 터이니, 저들이 주님의 사랑을 깨닫고 거듭나게 해 주십시오.'

나의 기도 제목 중 하나는 교인들을 주리지 않게 하는 것이었다. 최소한 저들이 몸을 팔지 않으면 더 많은 은혜를 받지 않겠는가.

어느 날, 새벽 기도를 끝난 뒤에 바다를 바라보니, 정박해 있는 외항선이 보였다. 선원이 되려면 기술이 있어야 하지만 허드렛일은 아무나 할 수 있을 터였다. 한국 선장과 갑판장이 일하는 배에는 한국 선원이 열다섯 명쯤 있었다. 한국인 요리사가 필요했지만 인건비가 비싸 따로 쓰고 있지 않았다.

'그래, 저기에 요리사로 취직시키자. 그러면 먹고살 정도는 되겠지.'

그날부터 남자 교인들에게 한국 음식 만드는 법을 가르쳤다. 김치찌개와 된장국 끓이는 것은 쉽게 배우지 못했지만 생선국은 스튜와 비슷해서 금방 배웠다. 김치나 조림 같은 한국 반찬을 만드는 법도 짬짬이 가르쳐 주었다.

교인들을 요리사로 취직시키고 나면 남편이나 나나 가슴이 벅차 제대로 잠이 오지 않았다. 땅에서는 하루 벌어 하루 먹고사는 것도 안 되었는데, 배에서 일하게 되면서부터 꽤나 많은 돈을 벌었다. 훈련받은 교인들은 한국 사람 집에서 일하는 하우스보이로도 취직시켰다. 남편과 나는 남자들 먼저 일자리를 구해 가족을 부양하게 했다. 가장이 바로 서야 가정이 바로 서지 않겠는가.

'주님, 한국 사람들의 영혼을 잘 어루만져 우리 교인들을 하인 다루듯이 하지 않게 해 주세요. 하나님의 자녀인 우리 교인들이 폭언이나 폭행, 모욕을 당하지 않게 해 주세요.'

교인들을 하우스보이로 취직시키고 나서부터는 기도 시간이 더 길어졌다.

가끔씩 교인들이 한국인에게 도둑으로 오인당해 매를 맞거나 쫓겨나기도 했다. 다들 은행이 없다 보니 돈을 집 안 구석구석에 숨겨놓는데, 그중에는 돈을 비닐에 싸서 냉동실에 넣어 두었다가 썩은 음식인 줄 알고 버리는 사람도 있고, 어디다 두었는지 잊어버려서 못 찾는 사람도 있었다. 그러면 일하는 사람들만 애꿎게 당했다. 속이 상해서 울고 싶을 때마다 하나님은 또 새로운 힘을 주셨다.

"마마, 우리에게도 음식 만드는 법을 가르쳐 주셔서 일하게 해 주세요."

그런 날은 또 여자들이 찾아와 자신들도 한국인 집에 취직해서 돈을 벌게 해 달라고 매달렸다. 도둑으로 오해받아 맞더라도 취직해서 돈을 벌고 싶다는 것이다. 그것이 매춘보다 나으니까! 게다가 두들겨 맞거나 모욕을 당하는 것은 늘상 당하는 일이니 개의치 않는다고 했다. 그 말을 듣자 나는 콧등이 시큰해졌다.

물질이 많으면 영혼이 썩지만 반대로 물질이 너무 없어도 영혼이 기갈 들려 오그라든다. 서럽게 살기 때문에 주님의 사랑이 더욱더 필요한 사람들, 그들을 위해서 무엇을 할 수 있을까?

바닷가 크리스마스

이슬람 사회에서 교회에 다닌다는 것은 목숨을 내건 행동이다. 생활에 있어 모든 것이 제약을 받는다. 교회를 나가는 순간부터 그들은 그간 가졌던 생활의 모든 연대감이 무너진다. 그 사회에서 쫓겨난다는 건 사실상 죽음을 선고받는 것이나 다름없다.

주님이 이 땅에 오신 것을 어떻게 전할까? 공개적인 장소에서는 어떤 종교적인 행사도 할 수 없는데 말이다. 나는 아직 크리스천으로 세례받지 않은 현지인들을 위해서 크리스마스 행사를 열기로 마음먹었다. 크리스마스 행사를 할 장소를 놓고 기도하다 보니 누아디부에서 가장 아름다운 곳이 떠올랐다. 처음 누아디부에 정착했을 때 새벽 바닷가는 천지가 창조되었을 때의 모습이 아닐까 싶을 정도로 평화롭고 경외감을 자아내는 곳이었다. 바닷가라면 누구의 간섭도 받지 않을 듯했다.

크리스마스 열흘 전쯤부터 나는 교인들에게 행사를 공지했다. 일반인이 보기에 이 행사는 바닷가로 피크닉 나온 가족들이 음식을 나눠 먹고 공놀이, 물놀이하며 노는 것 이상으로 보이지 않을 것이다. 파도치는 곳에서 누가 우리의 사적인 대화를 엿듣겠는가.

나는 크리스마스 행사를 준비하느라 지갑을 탈탈 털었다. 이곳 사람들이 1년에 한 번 먹을까 말까 하는 케이크와 과일 같은 먹을거리를 마련했다. 아무리 가난해도 주님 생일만큼은 풍성하게 나누고 싶어서다.

1995년 12월 셋째 주 주일, 바닷가에 모인 교인들은 주님이 이 땅에 오신 성탄 메시지를 나누고 나직이 기도를 드렸다. 나는 메시지만 전하고 남은 시간은 그들에게 맡기고 왔다. 남은 교인들과 현지인들은 크리스마스에 대한 이야기도 나누고, 성경 말씀도 나눌 것이다. 그날 교인들은 그곳에서 몇 시간 동안 달리기도 하고, 축구도 하고, 바닷물에 들어가서 물장구도 치고 목욕도 했다.

모리타니의 12월은 1년 중 덥지도 춥지도 않은 때다. 물론 이때의 기준은 그야말로 모리타니 기준이다. 모리타니에서는 유독 아름다운 계절에 크리스마스를 맞는다. 주님이 걸어가신 갈릴리 바닷가를 떠올리며 누아디부의 까비도 바닷가에서는 주님을 사모하는 사람들이 매년 가장 아름다운 계절에 모임을 가진다.

"주님이 오심으로써 우리가 죄를 씻은 것처럼, 오늘 이 바닷물로 죄를 씻고 주님께 감사하는 사람으로 거듭납시다"라고 하면 모두들 "아멘!"이라고 하며 티 없이 웃는다.

나는 그곳을 떠나기 전에 바다를 위해 기도한다. 누아디부 바다에 그 많던 고기들의 씨가 마른 건 중국 어선 때문이다. 그 탓에 모리타니 사람들은 먹을 것이 더 없어졌다.

"하나님, 이 바다를 축복해 주세요. 하나님께서 만드신 이 바다가 사막처럼 메마르지 않도록, 물고기들이 힘차게 뛰놀 수 있도록 이곳을 지켜 주세요. 그래서 우리가 해마다 이곳에서 주님의 생일을 축하할 수 있도록 해 주세요."

하나님이 지켜 주시는 덕분에 우리는 20년 가까이 누아디부 바닷가에서 크리스마스 행사를 하고 있다. 처음 이 행사를 시작할 때는 열 명 정도가 참가했다. 해마다 적게 올 때는 열 명, 많이 올 때는 서른 명 정도가 바닷가 크리스마스 행사에 참가하고 있다. 파도 소리에 묻혀 기도 소리도 찬송 소리도 들리지 않는다. 그 소리들은 오직 하나님만 기뻐 받으실 것이다.

이름도 없이
빛도 없이 사는 삶

모리타니의 다른 어떤 곳보다 누아디부를 사랑하는 이유는 사막이지만 바다를 면하고 있는 곳이기 때문이다. 사막과 바다가 연결된 장관이 보고 싶다면 모리타니의 누아디부에 오면 된다. 바다가 있는 덕분에 수도보다 훨씬 시원하고, 무엇보다 해산물이 풍부하다.

누아디부 아침 바다는 홍학들이 깨웠다. 새벽 기도를 끝내고 바다로 가면 잠에서 깨어난 홍학들이 날아오르는 해변 뒤로 아침 해가 떠오른다. 붉은 불덩어리가 출렁 하고 하늘로 올라가는 모습은 장관이었다. 해가 떠올라 붉은 장막이 걷히면 수백, 수천 마리의 홍학이 무리를 지어 먹이를 잡느라 바다를 거닐었다. 홍학 뒤로는 흰 고니가 떠 있고, 셀 수 없이 많은 갈매기가 그 주변을 날아다녔다.

4~5월 물때가 맞는 날이면 남편과 나는 민어도 잡고 숭어도 잡았다. 숭어는 밀물을 따라왔다가 바다로 돌아가지 못한 채 갯벌에서 버둥거리고 있었다. 모래톱에는 연신 숭어들이 뭍으로 올라왔다. 나와

남편은 바구니를 들고 가서 바다로 돌아가지 못한 숭어를 주워 담기 바빴다. 꼼꼼한 남편은 숭어를 전으로 굽기 좋게 손질해 주었다.

새벽 기도를 마치고 나간 바다에서 발견한 풍성함. 우리는 삶이 이렇게 아름답고 보람 있을 수 있다는 사실에 감사했다. 마을로 돌아오는 차 위로 독수리가 날개를 펼치고 날고 있었다. 독수리의 날개는 우리 차를 완전히 덮을 만큼 넓었다. 마치 우리를 호위하듯이 따라오던 독수리는 바다와 마을 가운데쯤 오면 어디론가 날아갔다.

집으로 돌아오면 그때부터는 노동이 기다리고 있었다. 숭어로 전을 부쳐 마을로 다니며 끼니를 잇지 못하는 병들고 가난한 사람들에게 나눠 주었다. 먹지 못하다 보니 앉은뱅이는 물론 눈이 멀어 가는 사람이 많았다. 비타민만 처방해 주어도 눈이 멀지 않을 아이들이 눈부신 햇살 아래서 캄캄하게 눈이 멀어 가는 것이었다. 숭어전은 풍부한 단백질과 비타민 공급원으로 이들의 양식이 되었다.

숭어전을 나눠 주고 집으로 오면 아픈 사람들이 우리를 기다리고 있었다. 병원에 가지 못하는 사람 중에 거동이 가능한 사람은 우리 내외를 찾아왔다. 남편은 선장 출신이라 이런저런 곳에서 약품을 잘 얻어 왔다. 고환이 농구공만 하게 부어서 온 매독 환자나 성병에 걸려 자궁이 다 내려앉은 여자 환자도 있었다. 우리는 맨손으로 상처의 피고름을 짜냈다. 남편은 남자 환자들을, 나는 여자 환자들을 돌봤다. 신기하게도 고약을 붙여 고름을 짜내고 베타딘만 발라 놓아도 상처는 나았다.

병원에 보내야 하는 환자들은 의사 모하메드에게 보냈다. 병원이라고 해야 한국의 시골 보건소보다 작은 곳으로 진료실에는 진료 테이블만 하나 달랑 있었다. 모하메드는 러시아에서 의대를 나오고 암스테르담에서 수련의를 받은 모리타니 사람이었다. 모하메드라는 이름에서 느껴지듯이 그도 모슬렘이다. 하지만 나와 남편이 병원 문턱이 닳도록 환자를 업고 데려간 덕분에 그도 반쯤은 크리스천이 되었다. 그는 특이하게도 김치를 좋아해서 나는 가끔씩 김치를 담가 모하메드에게 갖다 주기도 했다.

모두 최선을 다했지만 그럼에도 많은 사람이 죽었다. 죽은 지 몇 시간 안 된 교인의 눈에서 구더기가 기어 나오는 것을 보면 통곡할 시간도 없었다. 빨리 입관 예배를 드려야 했다. 비록 관도 없이 죽을 때 입던 옷 그대로 구덩이를 파고 묻는 것이지만. 누구의 자식인지도 모르고 태어나 살았던 삶도 기구하지만, 죽을 때도 기구했다.

"하나님, 이 일은 절대로 저 혼자서는 못합니다. 저의 배필로 이렇게 든든한 남편을 주셔서 감사합니다."

남편은 저녁이 되면 고단해져 길가에 있는 돌덩이처럼 쓰러진 채 기도를 했다.

남편의 직분은 무엇일까? 하나님은 남편에게 어떤 일을 맡기셨을까? 나보다 더 열심히 땀 흘리는 남편, 고단한 하루를 마치고 집이 떠나가라 코를 고는 남편을 볼 때마다 말할 수 없는 평화와 감동을 느꼈다.

남편의 관을
화물칸에 싣고

남편은 아이가 18개월에 들어가자 다시 배를 타겠다며 어렵사리 말을 꺼냈다. 남편이 여러 말 안 해도 그 마음을 짐작할 수 있었다. 남편이 그동안 선원 생활을 해서 벌어 놓은 돈이 다 떨어져 버렸다. 후원이 거의 없다 보니 남편의 돈이 고스란히 교회 운영비로 들어갔다.

남편은 이왕이면 돈을 많이 주는 배를 탈 것이라며, 스페인 선적의 새우 배를 타겠노라고 했다. 일곱 척의 중국 선단을 지휘하는 감독 배였다. 한 달에 7,000달러의 급여에 보너스까지 있었다. 남편은 넉 달 동안 홀쭉하게 여위었지만 매달 풍성한 돈을 내게 가져다주었다.

그렇게 모은 돈으로 그해 12월, 나는 한국에 잠깐 나왔다. 영어나 프랑스어, 아랍어 성경도 구입해야 하고, 교인들을 위한 크리스마스 선물도 사기 위해서였다.

한국에 도착한 지 닷새 만에 나는 청천벽력 같은 소식을 들었다.

남편이 세상을 떠났다는 소식이었다. 기관장의 실수로 갑판에 쇳덩이가 떨어졌는데, 남편이 그 쇳덩이에 맞아 현장에서 즉사했다는 것이다.

그러고 보니, 남편은 한국으로 가는 나에게 의외의 부탁을 했었다.

"이번 크리스마스 때 양복을 한 벌 입고 싶소."

결혼식 때도 입지 않은 양복을 사다 달라는 남편이 그때는 별스럽다고 생각했다. 믿기지 않는 소식을 듣고 나는 남편의 부탁부터 떠올랐다. 남편은 이래서 양복을 사다 달라고 했던 것일까. 난생처음 사 보는 남편의 양복. 흐르는 눈물 탓에 모양도 무늬도 보지 못하고 검은 양복 한 벌만 집어 들었다. 가슴이 무너져 내렸다. 남들처럼 편하게 살 수도 있는데, 세상적인 기쁨을 한 번도 누리지 못한 채 선교사의 남편으로서 고생만 하다 간 남편이 너무나 안쓰러웠다. 나는 남편의 마지막 옷이 될 검은 양복 한 벌과 남편의 몸을 누일 관을 사 가지고 남편을 만나러 갔다.

일주일 만에 만난 남편은 차갑게 식어 있었다. 무엇인가를 바라보는 듯 눈이 열려 있었다. 눈을 감겨 준 다음 상처를 살펴보니 뒷머리가 주먹만 하게 함몰되어 있었다.

'쇳덩이가 앞에서 떨어졌다면 피할 수라도 있었을 텐데…….'

남편을 보자 눈물도 말라 버려 더 이상 나오지 않았다. 다음에 하늘나라에 가면 주님께 지상에서 할 일이 많은 사람을 왜 데려가셨는지 묻고 싶었다. 그러나 나는 남편을 데려가신 하나님께 순종하기로 결단했다. 내가 흔들리면 남편이 뿌린 씨앗도 헛된 것이 되는 만큼 남편 몫까지 열심히 순종하는 수밖에 없었다.

다음 날부터 남편을 운구해 갈 방법을 마련하느라 아이를 업고 여러 대사관을 뛰어다녔다. 스페인으로 운구해서 한국으로 데려가려면 피를 뽑아서 방부 처리를 해야 하는데, 모리타니에는 그런 곳이 없었다. 하는 수 없이 프랑스로 운구하기로 했다. 알루미늄 관의 바닥에 숯을 깔고, 시신을 누인 후 몇 겹 비닐로 둘렀다. 관 뚜껑을 덮고 초로 밀봉했다. 남편은 화물칸에 누워, 나와 아들은 객실에 앉아서 모리타니를 떠나 다시 한국으로 갔다.

'마지막 가는 길까지 이렇게 서럽다니……'

하필이면 내가 없을 때, 망망대해에서 황망히 간 인생이 서러웠다. 그러나 빛도 없이 이름도 없이 하나님을 섬기다 간 것을 세상 사람은 몰라도 하나님만은 아실 것이다.

남편의 고향에서 가까운 강원도 어성전에 남편을 묻어 주고 다시 모리타니로 가는 동안, 나는 제정신이 아니었다. 몸이 부어 제대로 거동도 못했지만 고집을 부리며 병원에 가지 않았다. 남편은 차디찬 흙 속에 누워 있는데 내 육신을 챙기는 것 자체가 용납되지 않았다.

외항선 선장이었던 남편은 그동안 나의 물질적 · 정신적인 지주였다. 남편이 뒤에서 모든 후원을 도맡아 준 덕분에 나는 앞에서 말씀만 전할 수 있었다. 신기료장수들에게 찬양을 가르칠 때 남편은 나를 시장까지 태워다 주었고, 창녀들에게 다가갈 때는 에스코트해 주었다. 내 호주머니는 구멍 난 지갑마냥 돈이 들어오는 즉시 바로 나갔다. 남편이 주일에 내 주머니에 넣어 주는 돈으로 헌금을 내고, 살림을 했다. 교회를 개척하는 데는 얼마가 들어갔는지조차 나는 몰랐다.

남편이 없었다면 내가 아무리 담대할지라도 낯선 땅에서 일부러 어깨를 부딪치며 걸어오는 모슬렘 남자들에게 대항할 힘이 있었겠는가. 이슬람 사회라는 것은 종교만 이슬람교인 것이 아니라 돈을 비롯해 모든 사회 권력을 모슬렘이 쥐고 있다는 뜻이다. 사우디아라비아에서는 외국인 한 명을 모슬렘으로 전도하면 1만 달러를 상급으로 준다. 외국인이 모슬렘식 세례를 받기까지 모집책, 전도사, 성직자들이 각자 역할을 분담한다. 그들 눈에는 내가 걸어 다니는 1만 달러짜리로 보일 것이다. 하지만 남편과 함께 나가면 선장의 부인이었기 때문에 나를 함부로 대하지 못했다. 주님은 이 메마른 사막에 연약한 풀씨 같은 나를 홀로 떨어뜨려 놓지 않으시고 남편이란 지원군을 붙여 주시어 모든 일을 함께 헤쳐 나가게 만드셨다.

그러나 이제는 나 혼자 새벽마다 가슴을 치며 기도하게 되었다.

'주님, 저는 나약하기 그지없는 육신과 영혼을 가졌는데 이제 저를 어떻게 쓰실 건가요?'

사막의 별처럼 오로지 하나님의 이끄심만이 내가 이곳 이방 땅에서 살아갈 수 있는 유일한 지표였다.

Part 3.
한국에서 온
대마녀
'그랑 말라부'

위대한 이름,
자르디나!

남편이 하늘나라로 간 뒤에 집 마당에 서서 하염없이 노을을 바라보았다. 남편은 유독 붉게 타오르는 노을을 좋아했다. 남편이 있는 하늘에 당신이 있는 곳으로 나도 곧 따라갈 테니 그때까지 기다려 달라고 편지를 쓰고 있었다. 그런데 그 붉디붉은 노을 속에서 온천지 사방의 땅이 푸르러 가는 환상이 머릿속에 펼쳐지는 것이 아닌가.

'하나님이 내게 땅을 보여 주시는구나!'

사막의 삶은 지상 어느 곳보다 곤고하다. 사람들도 낙타도 양도 소도 당나귀도 살찐 생명이 없다. 메뚜기를 밟으면 물기라고는 없어 붉은 먼지를 내며 풀썩 바스라진다. 그러나 하나님이 생명을 내실 때는 분명히 살찌게 먹일 계획이셨을 것이다. 나는 정신을 차리고 하나님이 보여 주신 환상대로, 누런 사막을 푸른 초지로 바꿀 계획을 세웠다.

"마담이 제정신이 아닌가 봐."

내가 농사를 짓기 위해 3,000평이나 되는 땅을 빌리자 사람들이 여기저기서 수군거렸다. 농사를 지으려면 물과 기름진 땅과 적당한 그늘이 있어야 한다. 사막에는 그중 단 하나도 없다.

사막에도 강이 있기는 하다. 사막을 메마른 곳으로만 아는 사람은 겉만 보아서 그렇다. 하나님은 어떤 땅이든 물을 주신다. 우기가 되면 큰 물줄기를 이루는 마른 강 와디가 아니라 사막 아래를 흐르는 깊은 강이 있다. 도시에서는 그 강에 파이프라인을 연결해서 수돗물로 쓴다. 물론 빈민가에서는 당나귀가 우물로 물을 길러 다닌다. 사막이라도 1미터, 혹은 2미터를 파 내려가면 모래가 젖어 있다.

남편 없이 혼자서 일을 계획하고 헤쳐 나가는 것은 결코 쉽지 않았다. 사람들은 내가 현실적으로 기댈 언덕이 없다고 생각하고는 함부로 행패를 부렸다. 한번은 예배가 끝난 뒤 모슬렘 일곱 명이 나를 죽이려고 찾아온 적도 있었고, 심지어 한국 교민 중에서도 술을 마시고 치근덕대는 사람이 있었다.

'아하! 이래서 보디가드를 두는구나. 내가 죽는 건 두렵지 않지만 할 일은 지혜롭게 해야지.'

나는 키 큰 남자 교인 예닐곱 명을 뽑아서 항상 내 주변을 지키게 했다. 내가 소리를 지르면 달려와 한국인이든 모슬렘이든 번쩍 들어서 밖으로 던져 버리라고 했다. 몇 사람을 밖으로 던져 버렸다는 소문이 나자 사람들은 더 이상 나를 약한 여자로 대하지 않았다.

나는 남편이 있을 때와 마찬가지로 하루하루 내 사명을 감당해야 했다. 당장 교회를 유지하기 위해서 남편의 빈자리를 메워야 했다.

자르디나(농사꾼)란 얼마나 멋진가! 농장을 만든다고 생각하니 힘이 절로 났다. 채소라고는 구경하기도 어려운 시절이었으므로 호박, 수박, 양파, 토마토를 키울 생각을 하니 고통 중에도 웃음이 나왔다. 교회 식구들에게 쌀밥만 먹일 수 없기에 모로코나 스페인에서 온 작은 양파 하나를 사려고 해도 쌀 1킬로그램보다도 비쌌다.

첫 주에 땅을 빌리고 둘째 주부터는 그늘을 만들기 위해서 땅 둘레에다 교인들과 함께 사막 아카시아를 심었다. 셋째 주에는 100톤이 들어가는 커다란 물탱크를 만들었다. 이제는 땅을 농사짓기에 알맞게 일굴 차례였다. 내가 어떻게 하는지 다들 의심 반 기대 반의 눈으로 지켜보고 있었다.

"모래땅에 1미터 깊이로 구덩이를 파세요."

며칠 동안 교인들이 일렬로 줄을 맞춰 거대한 구덩이를 팠다. 아무리 파 내려가도 푸석푸석한 모래만 나왔다. 나는 일꾼들을 끌고 낙타 도살장으로 가서는 낙타의 내장 안에 있던 끈끈한 똥을 담아와서는 그것을 모래 속에 파묻었다. 이곳 사람들은 양고기보다 낙타고기를 더 많이 먹는 까닭에 도살장에 가면 낙타 똥을 쉽게 구할 수 있었다. 똥 위에 다시 모래를 덮고 다시 똥을 덮었다.

흙에 비닐을 덮을 때까지 일꾼들과 교인들은 호기심 어린 눈으로 나를 쳐다봤다. 보란 듯이 나는 똥 반 흙 반인 땅에 모종을 심고는 모종이

숨을 쉴 구멍을 남겨 두었다. 그러고는 숨구멍에 물을 주었다.

모종들의 수난은 이루 말할 수가 없었다. 바람에 부러지고, 햇빛에 말라 죽고. 새들이 날아와서 쪼아 먹고, 솔개가 꺾어 놓고, 뱀들이 와서 따 먹고, 사막 여우가 와서 헤집어 놓고, 토끼, 두더지, 고슴도치가 와서 뿌리까지 깨끗하게 파먹었다. 모종 하나를 살려 열매를 맺기까지 들이는 정성은 아이를 키우는 것보다 더하면 더했지 덜하지 않았다. 어떤 토마토 모종은 열두 번을 심어야 겨우 자랐다. 교인들은 나를 따라 모종을 심을 때도, 물을 줄 때도 한 포기마다 기도를 했다. 밭 여기저기서 "아멘! 아멘!" 하는 소리가 끊이지 않았다.

농사 경험이라고는 없지만 나는 모종판을 만들어서 씨를 뿌려 싹이 자라면 밭에 옮겨 심는 지혜를 발휘했다. 모종이 튼튼해야 흔들려도 뽑히지 않고 햇빛에 말라 죽지 않기 때문이다.

밭에 물을 주느라 내 허리는 점점 굽어 갔다. 모종 구멍에만 물을 주느라 물을 한 번 줄 때마다 허리를 세 번 구부려야 했다. 바가지로 물을 퍼서 비닐을 열고 구멍에 물을 주고 다시 비닐을 닫는 식이었다. 아침에 한 번, 저녁에 한 번 물을 줄 때마다 비닐을 열고 덮기를 반복했다. 낙타 똥은 물과 기도를 흡수해서 한나절 동안 모종을 촉촉하게 품어 주었다.

한 달이 지나자 밭이 푸릇푸릇해지기 시작했고, 석 달쯤 지나자 열매가 맺히기 시작했다. 사막 한가운데 젖과 꿀이 흐르는 초장이 펼쳐지자 나와 교인들은 처음 보는 풍성함에 놀랄 뿐이었다.

가난한 교인들의
터전이 된 채소밭

자르디나가 되고 싶다고 기도할 때는 두 가지 목적이 있었다. 교인들을 굶주림에서 벗어나게 만드는 것, 삶에 희망을 가지게 만드는 것이었다. 하나님은 자기 백성을 굶주리게 두지 않고 배불리 먹이신다는 믿음을 그동안 헐벗고 굶주려 온 그들에게 심어 주고 싶었다. 굶는 것을 숙명으로 여기는 그들에게 그 불행의 굴레를 끊을 수 있다는 것을 한 사람 한 사람의 눈에 보여 줄 계획이었다.

하나님은 여기에 한 가지를 더 얹어 주셨다. 배불리 먹여 주셨을 뿐 아니라 교인들에게 자립의 길을 마련해 주신 것이다. 더불어 교회가 자립하는 데도 큰 도움을 주셨다. 남편의 보상금마저 모두 교회 운영에 들어갔지만 이 가난한 나라는 물가가 너무 비싸다 보니 재정이 늘 부족했다. 한국이면 만 원도 안 될 전기세가 여기서는 30만 원이나 되니, 세탁기는 가뭄에 콩 나듯 어쩌다 한 번씩 쓰는 기계로 전락했고 전자레인지는 아예 손도 대지 않게 되었다. 수도세도 상상 못할 정도로 비싸 샤워를 하거나 빨래를 할 때마다 물을 아끼기 위해 갖은 지혜를 짜냈다. 무엇보다 교인들이 너무 굶주리다 보니 다음 식사에 쓸 쌀 한 톨까지 나누었다. 교회에서 먹는 밥이 그들에게는 육체적으로도 생명의 빵이요 생수이기도 했다. 아무리 나누어도 다음 날이면 나눌 것이 생기는 것을 보고 일하는 사람들이나 교인들은 신기해했다.

한국 속담에 소도 비빌 언덕이 있어야 비빈다는 말이 있다. 모리타니의 여자들은 누구보다 생활력이 강하지만 그야말로 비빌 데가 없어서 아무 일도 못하고 있었다. 남자들이 할 일이 없기 때문에 여자들이 더욱 악착스러워졌는지도 모른다. 누구나 시장에 가서 장사하고 싶어 하지만, 갖다 팔 물건이 없어서 못했다. 장사를 해서 돈을 벌면, 그 돈으로 다른 물건을 사기 때문에 서로의 삶이 풍성하게 된다. 그동안 경제에 대해서 전혀 몰랐지만 사람들이 사는 것을 가만히 살펴보니 그랬다. 그런데 나는 바로 그 풍성함, 팔 것을 갖고 있었다.

농장에서는 토마토가 하루에 100킬로그램 가까이 생산되었다. 이 토마토를 빈민가 여인네들에게 물 값만 받고 팔았다. 토마토 1킬로그램에 100우기야를 받고 넘기면, 빈민가 여인네들은 시장에 갖고 가서 토마토 한 개에 100우기야씩 받았다. 예닐곱 배가 남는 장사였다. 농장의 토마토는 그들의 하루치 일용할 양식을 마련해 주었다.

농장에서는 수박도 수확했다. 그 척박한 곳에서 나는 수박이니 얼마나 달고 맛있겠는가! 수박은 500킬로그램씩 생산되었는데 자고 나면 커져 있는 수박이야말로 시장에서 황금알을 낳는 거위였다. 가난한 사람들은 구경도 못하는 수박을 같이 나눠 먹기도 하고, 부자들에게 팔면 양식을 충분히 구할 수 있었다.

한때 시장에만 가면 이방인이란 이유로 나에게 침을 뱉고 돌을 던지던 가난한 여인네들이 이제 언제 그랬느냐는 듯 내가 시장에 나타나면 박수를 치고 춤을 추었다. 나를 외면하던 남자들은 농장에서 일하게 해 달라고 찾아왔다. 월급을 주지 않고 밥만 먹여 주어도 그들은 감사하다고 생각하는데, 그런 일자리마저 부족했다.

나는 3년간 농장을 떠나지 않았다. 밭에서 소출을 얻는 건 쉬운 일은 아니었다. 밭에 있는 생물은 주인이 있는지 없는지 너무나 잘 알았다. 내가 없는 날은 희한하게도 호박 하나 맺히지 않는 데다 맺힌 열매들마저 떨어져 나갔다. 그러나 내가 있는 날은 많은 열매가 맺혔다.

"농장의 열매들은 기도와 찬양으로 맺힌다. 하나님이 주신 것이기 때문이지. 이것만 봐도 하나님의 살아 계심이 느껴지지 않니?"

"아멘! 아멘!"

일꾼들은 그야말로 춤을 추며 일했다. 이렇게 신 나게 일해 본 적이 없다고 했다.

하나님은 땅에 나는 열매들을 축복하셨을 뿐인데 그 축복의 씨앗은 넓게도 퍼져 갔다. 농장이 푸르러지자 동물들이 찾아왔다. 두더지나 고슴도치, 토끼, 여우들이 아침저녁으로 왔다 갔다.

"마담, 오늘 점심은 빵만 있으면 돼요."

이렇게 말하는 날은 교인들이 아침에 무엇인가 잡았다는 것이다. 그 덕분에 교인들과 일꾼들의 뺨은 점점 살이 올랐다. 심지어 아침부터 고기 냄새가 솔솔 풍기기도 했다. 밭에 와서 어슬렁거리는 토끼나 고슴도치를 잡은 것이다. 교인들은 스튜를 만들어 빵에 찍어 먹었다. 농장 한쪽에 번식률이 강하다는 토끼도 키웠지만, 어느 순간 더 이상 불어나지 않았다. 일꾼들이 토끼를 아침과 점심거리로 만들어 버렸기 때문이다.

누아디부 사람들은 우리 농장을 보고는 이방인인 교회 마담이 요술을 부렸다고 믿었다. 교회가 어떤 곳인지는 몰라도 교회 마담은 이방인이더라도 믿을 만한 사람, 자신들이 찾아가면 언제나 도움을 주는 사람으로 여겼다. 그들의 그런 믿음은 마른 모래의 땅에서 십자가 없는 교회를 지켜 주고 있었다.

메뚜기 떼의 재난

하나님은 우리가 사막에 만든 작은 농장을 축복하여 풍성함으로 채워 주셨다. 그러나 농장이 자리를 잡도록 모슬렘들이 가만히 둘 리 없었다. 우리는 그들의 것은 물 한 방울 빼앗지 않았지만 그들은 마치 뺏긴 자처럼 행동했다. 농장에 들어가는 일꾼들의 차를 막고, 일꾼들을 잡아갔다. 그들의 눈에 하나님의 능력을 증거하는 농장은 눈엣가시였을 것이다. 그래도 일꾼들의 발걸음을 막을 수 없자 그들은 모의를 했다.

어느 날, 곡괭이와 삽을 든 모슬렘 남자들이 떼를 지어 몰려와서는 농장을 엎어 버렸다. 몸싸움을 하려는 일꾼들과 교인들을 말리며 모슬렘들이 하는 행동을 말없이 지켜보았다. 그들은 농장 구석구석 돌아다니며 샅샅이 파헤쳐 놓고는 "인샬라, 인샬라"라고 소리치고 나가 버렸다.

3년 동안 하루도 빠지지 않고 매달린 농장을 나는 그날 그 순간부터 접어 버렸다. 농장을 복구하고 다시 그들과 맞설 수도 있었다. 그러나 파헤쳐진 땅을 보는 순간 이상하게 아무런 미련이 없었다. 하나님이 이제는 나에게 다른 일을 맡기시려나 보다 하는 생각만 들었다. 내 발길은 도시의 한쪽 바그다드로 향하고 있었다.

이라크의 바그다드는 전쟁으로 다 부수어지긴 했지만 그래도 아랍권에서는 잘사는 도시에 속한다. 그러나 모리타니 누아디부에 있는 바그다드는 빈민촌 이름이다. 캔을 이리저리 오리고 두드려서 길게 연결해서 지은 깡통 집이나 나무 집에 사는 사람들은 그들이 사는 비좁은 골목에 바그다드란 멋진 이름을 붙여 놓았다. 이 지역은 지상 최대의 빈민촌이라고 해도 과장이 아니다. 나는 이곳의 장애인들, 여성들, 어린이들을 모아 놓고 기도했다. 그때 하나님께서 나에게 성냥갑 같은 집들 위로 푸른 초지를 보여 주셨다. 농장을 시작하기 전에 노을 속에서 초장을 보여 주셨던 것처럼, 바그다드에서 또 하나님은 내게 새로운 환상을 보여 주셨다. 나는 하나님이 보여 주신 환상을 바그다드에 그들을 위한 센터를 지으라는 응답으로 받아들였다.

다달이 들어가는 센터 운영비 등의 계산은 내 머리에 일절 없었다. 나는 단 한 번도 경제에 관해 치밀한 적이 없었다. 계산에 무디고 손이 크기만 해서 재물을 모으는 것과는 거리가 멀었지만 남편이 살아 있을 때는 남편이 나의 은행 역할을 해 주었기 때문에 그나마 사정이 나았다. 그런데 이제는 은행 역할을 해 주는 남편도 없는데 겁 없이 일을 시작한 것이다.

바로 그 즈음, 아프리카 전역은 메뚜기 떼의 습격을 받았다. 메뚜기 떼는 몇 달 동안 남쪽을 휩쓸고 북상했다. 말로만 듣던 메뚜기 떼의 재앙을 나는 그때 처음 눈으로 확인했다. 메뚜기 떼가 하늘을 새까맣게 덮어 해를 가릴 정도였다. 메뚜기 떼가 올라앉은 나무는 새빨갛게 보였다. 메뚜기 떼가 갉아먹어서 그런 게 아니라 그들이 앉아 있는 것만으로 그렇게 보였다. 그들이 지나가고 나면 나무들은 가지조차 남아 있지 않았다. 만약에 농장을 계속했다면 하룻밤 만에 폐허가 될 뻔했다.

메뚜기 떼들은 누아디부에 몇 주간 머물렀다. 양이나 낙타는 나무나 풀의 뿌리까지는 먹지 않는데, 아프리카 메뚜기들은 턱이 강해서 나무뿌리까지 완전히 먹어 치운다. 그들은 모든 것을 초토화시키고는 사막 모래 속에 알을 낳은 뒤에 바다로 가서 죽는다. 수명을 다하기 전에 그렇게 악착을 떠는 것이다.

메뚜기 떼는 보이는 모습뿐 아니라 내는 소리도 섬뜩했다. 메뚜기들이 날갯짓을 할 때는 모터가 돌아가는 것처럼 윙윙거리는 쇳소리가 난다. 땅에 내려앉은 메뚜기를 밟으면 '바삭' 하고 스낵 부서지는 소리가 난다. 메뚜기 떼가 지나가고 나면 세상이 지나치게 고요해진다. 이번에는 너무나 고요해서 공포스럽다. 메뚜기 떼가 지나간 자리에는 죽음이 기다리고 있다. 소도 양도 그 자리에서 굶어 죽고, 먹을 게 없기는 사람도 마찬가지여서 조용히 죽을 날만 기다린다. 기아가

무서운 건 너무나 조용한 죽음이기 때문이다. 죽음이 다가오고 있는데도 도망갈 힘도 없고 울 힘도 없다. 굶주림의 고통이 극에 달할 즈음 목숨이 끊어진다.

메뚜기 떼의 공격 앞에서도 모슬렘은 "인샬라"라고 한다. 알라의 뜻대로! 이 말을 할 때는 약간 자포자기의 심정이 들어 있다. '알라가 자신의 뜻대로 하겠다는데 어떻게 해' 같은 뉘앙스다. 잘되지 않은 일에 대해 말할 때, 자신들이 노력도 하지 않으면서 정당화할 때 "인샬라"라고 하는 듯하다. 아마도 애초의 뜻은 그런 의미가 아닐 것인데 말이다.

또한 그들은 메뚜기 떼의 징벌이 있는데도 회개하지 않는다. 그저 "인샬라"라고 하면 끝이다. 우리가 "주님의 뜻대로"라고 말할 때와는 사뭇 다르다. 우리는 하나님의 성령이 역사하면 모든 일이 합력하여 선을 이룰 것이라고 믿는다. 주님의 뜻대로 하기 위해 회개하며 기도하고 순종하는데, 그들은 그렇지 않다. 그래서인지 그들에게 메뚜기 떼의 공격은 끔찍한 자연현상 그 이상도 이하도 아니었다.

메뚜기 떼가 휩쓸고 간 탓에 한동안 먹을 것이라고는 쌀밖에 없었다. 가뜩이나 비싼 채소는 유럽 수입산 말고는 없었다.

'이렇게 하시려고 농장에서 손을 떼게 하셨나?'

만약에 내 의지로 농장을 계속 강행했다면 나는 일꾼들을 제대로 먹이지 못해 쫄딱 망하는 것은 물론, 하루아침에 채소를 못 가져가게 된 아낙네들의 불평을 샀을 것이다. 그들은 아마도 "인샬라!"라고 하며 나를 외면했을 것이다. 이 모든 것을 알아서 준비하신 주님. 주님의 뜻을 구하지 않으면 단 하루도 살 수 없는 것을 눈으로 보면서 어찌 순간순간 그 뜻을 묻지 않을 수 있겠는가.

아무것도 없지만
모든 것이 있는 교회

누아디부 해변의 국립공원에 가면 홍학도 있고 펠리컨도 있고 고니도 있지만 그 무엇보다 아름다웠던 것은 남편과 내가 바라본 붉은 일출과 황혼, 짙푸른 대서양 바다의 추억 덕분이다.

남편과 누아디부에서 보낸 4년은 더없이 아름다웠다. 남편이 죽고 나자 홍학과 고니가 해변에서 자취를 감추었다. 해변에는 흉측한 배들의 무덤도 생겨났다. 전 세계 바다를 돌다가 폐선이 된 배들의 최종 기착지는 하필이면 누아디부 해변이었다. 중국 어선이 아프리카에서 물고기의 씨를 말리는 바람에 새만 떠난 것이 아니었다. 숭어도 문어도 홍어도 에메랄드빛 푸른색도 모두 사라진 바다는 풍요로움을 찾아볼 수 없었다. 남편이 떠나기 전까지는 참으로 아름다웠던 바다. 하나님은 남편의 눈에 가장 좋은 것만 넣어 주신 셈이다.

남편이 하늘나라로 간 뒤 교회는 한동안 남편의 사망 보상금으로 꾸려 갔지만 그마저도 바닥났다. 교인들은 날이 갈수록 늘어났지만 워낙 가난한 교인들이다 보니 재정 수입은 전무했기 때문이다. 오히려 교인들이 늘어날수록 교회 재정은 악화되었다.

재정이 빨리 바닥난 건 사망 보상금이 턱없이 적게 나온 것도 한 몫했다. 여섯 달은 근무해야 직원으로 인정되는데 남편은 넉 달밖에 근무하지 않은 데다 이런저런 서류상의 하자가 있었기 때문이다. 다들 보상금을 받기 위해 시신을 앞에 두고 싸우라고 했지만 나는 마지막으로 남편을 편하게 보내 주고 싶어 서둘러 정리했다.

남편의 애정과 헌신이 깃든 교회니 내게는 얼마나 애틋하고 아름답겠는가! 나는 그런 교회를 어떻게든 지키고 싶어 1998년 겨울, 한국을 찾았다. 아프리카 여인들이 만들어 준 나일론 원피스에 나일론 홑겹 점퍼를 입고, 아이를 둘러업은 채 말이다. 남편의 1주기를 앞둔 때였다. 날씨는 몇 십 년 만에 찾아온 한파로 혹독하게 추웠다. 한국의 경제 사정도 IMF를 맞아 날씨만큼이나 혹독했다. 후원을 약속하며 꼭 한번 방문하라고 했던 교회를 찾아가도 외면당했다. 오라고 해서 갔는데도 대접이 이러할진대, 내가 먼저 찾아가 후원 이야기를 꺼냈으면 어떡했을까 하는 서러운 마음이 들었다.

자포자기의 심정으로 아들을 품속에 안고 추위에 오들오들 떨고 있는 나에게 손을 내밀어 준 하나님의 천사가 있었다. 버선발로 사택 현관까지 나와 나를 맞아 주셨던 목민교회 김동엽 목사님은 아이가 춥겠다며 아들을 안아다가 불가에 누이고 내게도 따뜻한 자리를 내어 주셨다. 사랑이 넘치시는 목사님 내외분께는 시시콜콜 사정하지 않아도 되어서 마음이 편안했다. 그 자리에서 나는 어떤 어려움이 닥치더라도 모리타니 교회는 물질이 아닌 영혼이 풍성한 교회로 지키리라고 다짐하며 다시 모리타니로 왔다.

그 후 하나님은 모리타니 교회를 잊지 않으시고 조금 특별한 방법으로 도와주셨다. 하나님은 우리 교회에 무엇이 부족한지 아셨기에 필요가 생길 때마다 NGO들을 통해 필요를 채워 주셨다. 한국에 있는 친구에게서도 매월 적지 않은 후원금이 왔다. 다시는 홑겹 옷을 입고 교회 문 앞에 서 있지 않아도 되게 해 주신 것이다.

교회가 유지되는 것 자체가 기적이다. 교통비 없이 사역만 하는데도 매달 450만 원 정도의 돈이 필요하다. 이 돈에 나의 생활비는 빠져 있다. 한국에서 손님들이 오면 들어가는 식비도 무시할 수 없다. 쌀값만 해도 한국이나 이곳이나 별다를 바 없다. 그런데 500명을 거뜬히 먹이고도 유지되는 것을 보면 이곳은 '없는 데서 이루어지는 곳'이다. 가난한 선교사의 기도와 남편의 일생 외에는 바친 것이 없지만 늘 풍성하게 유지된다.

"사막은 모든 것이 없지만, 그 없는 데서도 모든 게 있어요."

"참 신기하지요. 다 하나님의 은혜입니다."

남편이 살아생전 나와 함께 나누던 말이다.

모리타니 교회는 바로 그 사막 같다. 누군가는 모리타니 교회를 가난한 아프리카에 있는 작은 교회로 바라볼 것이고, 또 다른 사람은 푸른 초장 위에 펼쳐진 축복의 교회로 바라볼 것이다.

기쁨 없이는
살 수 없는 사람

남편을 땅에 묻은 지 1년 만에 밟아 보는 한국 땅은 낯설었다. 남편을 묻어 주러 가는 길이나, 묻힌 남편 찾아가는 길이나 서럽기는 마찬가지였다. 남편은 강원도 양양에 있는 하조대 어성전에 묻혔다. 네 살이 된 아들은 이제 제법 종알거릴 줄도 알게 되었다.

남편이 그렇게나 아끼던 아들 손을 잡고 남편 앞에 왔지만 내 몸 상태는 심각했다. 부신에 물혹이 생겨 배가 남산만 하게 부풀어 있었다. 그동안 나는 아픈 걸 참고 참았던 것이다. 1년 365일 영적 전쟁을 치러야 하는 교회를 돌보느라 내 몸을 돌볼 겨를이 없었다. 수천 년 동안 영적으로 병든 땅에 교회를 세우려니 오죽했겠는가! 내 주변 사람들, 심지어 집에서 일하는 사람들도 다 모슬렘이었다. 그들과 보이지 않는 영적 싸움을 벌이는 것도 모자라 농장 일까지 벌여 놓은 상태였다.

가족들은 나를 못 알아봤다. 손가락은 곱아서 펴지지도 않고, 몸은 붓고, 안색은 윤기라고는 없는 허수아비 같았으니……. 눈은 웃고 있었으나 오늘 죽을지 내일 죽을지 모르는 얼굴, 궁기가 줄줄 흐르는 얼굴을 하고 있었다.

조선대 병원에 입원해서 환자복을 입자 그동안 아무 말도 없던 네 살짜리 아들이 소리 죽여 하염없이 울기 시작했다. 아이의 눈에도 입원해 있던 다른 환자에 비해 엄마의 모습이 비참해 보였던 모양이다.

어머니와 아버지가 돌아가시고, 남편마저 잃고 보니 나는 지상에서는 보호자가 없었다. 수술 동의서에 사인하는 것은 형부가 맡았다. 부신낭종 수술을 받으러 수술용 침대에 실려 가는 순간에도 삶에 대한 미련이 남지 않았다.

'주님께 제 모든 것을 맡깁니다'라고 기도했다. 그때처럼 나와 아들이 이 지상에서 잠시 머무는 존재, 맡겨진 존재라는 사실을 뼈저리게 느낀 적이 없었다. 내가 만약에 죽으면 아이는 누군가에게 맡겨지게 되는 것처럼, 선교지도 그렇게 될 것이었다.

'나는 사명을 다 했는가?'

이 질문에 자책감부터 밀려왔다. 선교지를 지켜 달라는 기도를 드리며, 퀭한 눈으로 한시도 쉬지 않고 주님을 찾았다.

"아이고, 독한 년……."

망가질 대로 망가진 몸을 돌볼 생각은 하지 않고 교회 걱정만 하고 있는 나를 사람들은 그렇게 불렀다. 수술하자마자 모리타니로 갈 준비를 하니 다들 몸이라도 추스르고 가라고 말렸다. 하지만 나는 한시바삐 모리타니로 가고 싶었다. 내게 주신 땅, 내가 있어야 하는 곳이었기에 고단하고 가난한 땅 모리타니가 한없이 그리웠다.

수술을 통해 확인한 사실은 내가 장애를 가진 나약한 인간이 되었다는 것이다. 의사는 복수가 2리터가 넘게 나왔다고 했다. 부신은 물혹으로 늘어나 잠자리 날개 같은 얇은 막 하나로 1년을 버텼다. 주인을 잘못 만나 단단히 고생한 내 부신은 끝내 제 기능을 회복할 수 없었다. 장기 하나가 기능을 상실했으니 평생 장애를 안고 살아야 한다는 말이다.

"당뇨 약을 먹어야 할 겁니다."

"당뇨병자가 된 건가요?"

"부신이 기능을 못하니 약을 먹어서 보충한다고 생각하세요."

의사는 내 어깨를 두드려 주었다. 젊은 나이에 고생하게 되어 안타깝다는 제스처였다. 인슐린 분비가 원활하지 않으면 당뇨병이 온다. 당뇨병 유전자를 갖고 있지 않은 건강한 몸이었지만 망가진 부신 때문에 당뇨병 환자들이 겪는 고통을 나도 겪게 되었다. 혈당이 떨어지면 그 자리에서 픽 쓰러지고, 조금만 움직여도 피곤했다. 피곤이야말로 인생에 독이다. 아무 일도 못하게 만드니까 말이다.

그러나 나는 모리타니로 가자마자 다시 농장 일을 하고, 교회에서 일하고, 가난한 사람들을 돕고, 장애인들을 섬기는 사역을 예전처럼 다시 시작했다. 세 시간 정도 눈을 붙인 뒤 새벽 두 시부터 일과를 시작했다. 내가 독하기 때문에, 아니면 한국인 특유의 억척스러움이 있기 때문에 그런 일이 가능했을까? 아니다. 하나님이 그 지독하게 많은 일들 속에서 기쁨을 주셨기에, 그 기쁨이 주는 힘이 피곤을 이기게 했다. 모든 것이 은혜였다.

집에서 나무늘보처럼 꼼짝도 안 하고 쉬고 싶지만 모리타니 사람들의 웃는 얼굴을 보면 안 나갈 수 없었다. 센터에서 삼십 분째 항문을 들여다보고 똥을 파내는 일을 하다가도 시원해하는 아이의 눈을 보면 안 할 수 없었다. 나의 연약함이나 피곤, 부족함 모두 하나님이 주시는 기쁨이란 선물 앞에서는 사그라졌다.

'이렇게 연약한 인간에게 이토록 큰 축복을 주시다니요.'

절절한 감사 기도로 새벽마다 무릎 꿇게 하셨다. 기쁨이야말로 피곤을 해독하는 해독제다. 인슐린을 먹는 지푸라기 같은 몸이더라도 기쁨을 주시니까 쉬지 않고 일할 수 있는 것이다. 아마 감정이 없는 강철이라면 꺾였을 것이다. 그러나 하나님이 주시는 기쁨이 있으면 어떠한 질병도 우리의 영혼을 꺾을 수 없다!

핍박받을수록
늘어나는 교인들

모리타니에 주둔하고 있던 유엔군은 초반 여섯 달 동안 교회를 지켜 주었다. 그러나 유엔군이 철수하자마자 경찰은 기다렸다는 듯이 교회를 핍박하기 시작했다. 길목에 숨어 있다가 교회로 오는 사람들을 잡아가거나 협박했다. 그런데도 교인들이 눈썹 하나 까딱하지 않자 경찰은 자신들의 실추된 권위를 되찾기 위해 기습을 감행했다. 드디어 올 것이 온 것이다.

"마담, 다들 경찰서로 잡혀갔어요."

새벽 기도를 드리는데, 다급하게 문 두드리는 소리가 났다.

"빨리 가 보자."

새벽 세 시에 경찰들이 교인들 집에 들이닥쳐서는 서른두 명을 잡아갔다. 피신한 몇 명은 다행히 교회에 왔지만, 대부분의 교인들은 잡혀가서 몽둥이질을 당했다고 했다.

경찰서 문을 여는 순간, 경찰들이 독이 오를 대로 오른 상태라는 걸 알 수 있었다. 그들은 사막의 전갈처럼 내게 재빠르게 달려들어 온갖 욕을 하고 저주를 퍼부었다.

"우리 교인들은 어디에 있는가?"

"수도로 잡아갔다. 너희들은 법을 어겼다. 너희들은 이제 감옥에 갇힐 것이다."

아침 일곱 시에 어떻게 수도로 이송될 수 있는가! 치밀하게 전략을 짜서 교회를 덮치지 않고서는 불가능한 일이다. 그들은 애초부터 교인들을 사냥하듯이 잡아들여서 짐짝처럼 트럭에다 싣고 수도로 이송시킬 계획을 세웠던 것이다.

수도로 이송되면 나는 더 이상 손을 쓸 도리가 없다. 교인들이 종교재판 법정이 아니라 일반 법정에 회부되기만을 기도하는 수밖에 없었다. 수도로 이송된 교인들에게서는 교도소에 갇혔다는 소식 외에 다른 소식이 오지 않았다.

새벽 예배 시간에 잡혀간 교인들이 빨리 풀려나서 함께 예배드리기를 간구했다. 경찰이 교회와 교인들을 억압하는 건 그들을 두려워하게 만들려는 의도인데, 어찌된 셈인지 교인들은 더욱 늘어났다. 교인이 여든 명쯤 되자 더 이상 앉을 자리가 없었다. 예배드릴 건물을 구하기도 어렵고 구할 여건도 되지 않아 급한 대로 마당에 천막을 쳤다. 교회 밖에 경찰차 서너 대가 지키는 가운데 예배를 드렸다. 경찰들은 멀리서도 누가 누구인지 훤히 알아볼 수 있었다. 그런데도 교인들은 전혀 주눅 들지 않고 당당했다. 오히려 어디서 오는지 하루하루 새로운 얼굴들이 복음을 듣기 위해 나타났다.

석 달 뒤, 감옥에 갇혔던 열일곱 명의 교인들이 모리타니로 돌아오자 교회는 기도 소리가 끊이지 않았다. 경찰은 더욱 악랄하게 시간과 장소를 가리지 않고 교인이 보이면 몽둥이로 패서 잡아가곤 했지만 교인들은 아랑곳하지 않았다. 길거리에서, 시장에서 잡혀갔다는 소식이 들렸지만 다음 날 새벽이면 멍든 얼굴로 어김없이 예배에 참석했다. 그들은 피멍 든 팔다리를 서로에게 보이며 얼싸안고 찬송을 불렀다. 그들이라고 두려움이 없을까마는 '낙천성'이라고 말하는 아프리카 사람들의 근성에 성령님이 주시는 담대한 마음이 더해져 교인들은 믿는 만큼 순종하는 놀라운 역사를 보여 주었다.

네 살짜리 아들 하나 데리고 사는 과부가 독종이라면 얼마나 독종이겠는가. 교인들이 잡혀갔다는 소식이 들리면 내 가슴은 쿵 하니 내려앉았다. 심하게 다친 사람은 없었지만 매에는 장사가 없었다. 더구나 이곳은 그야말로 맞아 죽어도 그만인 곳이다. 나는 그런 일이 생기지 않도록 눈물을 흘리며 기도할 뿐이었다. 이런 교인들이 있어 나 또한 강건해질 수 있었다. 이들은 나를 보고, 나는 이들을 보고 서로 힘을 얻어 하루하루 버텨 나갔다.

물방울이
돌을 뚫은 날

어느 날 하루는 아침에 깨어 기도를 드리는데 이상하게 가슴이 뛰었다. 교인들이 하나둘 오기 시작하자 교회 안은 우렁찬 찬송 소리로 가득 찼다. 찬송 소리 때문에 경찰들이 교회를 에워싼 사실을 몰랐다. 열 명이 넘는 경찰이 문을 거칠게 밀어젖히며 들어오고 나서야 심상치 않은 일이 생긴 걸 알았다.

1999년 5월 10일 새벽, 교회는 갑자기 아수라장이 되었다. 교인들은 경찰의 구둣발에 차이고 몽둥이로 맞으며 우왕좌왕했다. 그러는 사이 경찰들은 눈에 보이는 대로 교회를 박살냈다. 강대상이 부서지고, 의자며 집기가 다 부서져 나갔다. 남편이 만든 강대상이 내 눈앞에서 박살 날 때 나는 무릎 꿇고 기도했다. 지금 잡혀가더라도 한시 바삐 이곳으로 돌아와서 다시 예배를 드리게 해 달라고.

"다들 끌고 나가!"

경찰 서너 명이 달려들어 나의 팔을 잡아끌었다. 아이가 자다가 공포에 질려 울면서 뛰쳐나올 정도로 아수라장이었다. 그날 나는 아들과 경찰서로 끌려갔다. 아들이 겁에 질려 울자 연신 윽박지르며 때리기까지 했다.

"아니, 어린아이가 뭘 안다고 아이까지 때립니까. 아이를 그냥 두세요!"

"네 자식이니까 너와 똑같다."

열다섯 시간을 아이와 함께 감금당한 채 조사를 받았다. 그동안 밥은커녕 물도 한 모금 먹지 못했다. 경찰이 내게 한 경고는 딱 하나였다.

"앞으로는 예배를 하거나 설교를 할 수 없다!"

"왜 안 됩니까?"

"안 된다면 안 되는 줄 알아! 그렇지 않으면 여기서 너와 아들 모두 못 나갈 줄 알아."

그러나 나는 그들과 어떤 약속도 하지 않았다. 새벽에 잡혀간 우리는 밤 열두 시가 넘어서야 풀려났다.

지옥 같은 하루가 지나고 새벽 기도 시간이 다가오고 있었다. 교회는 성물이 다 부서진 건 물론, 벽이며 바닥이 성한 데가 없어서 보수를 하려면 한동안 시간이 걸릴 것 같았다.

나는 교회 옆에 있는 가톨릭교회로 뛰어가 사정을 말했다. 월세를 낼 테니 교회를 보수할 때까지만 장소를 좀 빌려 달라고 했다. 풀려난 교인들은 따로 연락하지 않았는데도 가톨릭교회 마당으로 하나둘씩 모여들기 시작했다. 교인들은 나의 일거수일투족을 다 지켜보고 있었던 것이다.

서너 시간 뒤, 나는 다시 새벽 예배를 인도했다. 경찰의 의도대로 교회가 부서지고 교회 마담이 잡혀가면 교인들이 겁을 먹어서 도망치고 결국 교회 문을 닫게 될까? 천만에 말씀. 서른두 명의 교인이 잡혀갈 때 교인 수는 160명이었다. 그런데 내가 경찰서에 잡혀가자 오히려 교인수가 더 늘어나 250명에 육박했다. 이들이나 나나 핍박에는 어느덧 이골이 났고 무엇보다 이들의 가슴속에 신앙이 뜨겁게 자라나는 중이었기 때문이었다.

새벽 기도를 드린 후 나는 밥을 먹기 전에 경찰서장에게 편지부터 썼다.

"친애하는 경찰서장님께, 저는 모리타니에 있는 한국인입니다. 제가 편지를 쓰는 이유는 다름이 아니라 예배드릴 수 있게 해 달라는 것뿐입니다……."

구구절절한 편지의 요지는 예배드릴 권리를 달라는 것이었다. 그들이 나를 미친 여자로 보든 독종으로 보든 상관하지 않았다. 나는 이 싸움에서 물러설 수 없었다. 가톨릭교회에서는 언제까지든 장소를 빌려 주겠다고 했지만, 그럴 수는 없는 노릇이었다. 남의 집에서 주님을 맞을 수는 없지 않은가!

당연히 경찰은 나를 더욱 주시할 터였다. 그들이 교회를 급습했을 때는 키 작은 동양 여자와 일전을 벌이기로 단단히 마음먹었을 것이다. 예배권을 달라는 말은 모리타니에서는 가당치도 않는 말이었다.

'나라 이름에 이슬람 공화국이라고 명시되어 있는데, 하나님을 위한 예배의 권리를 달라니!'

'저 여자 언제까지 저러는지 두고 보자!'

'저 여자 풀려난 지 몇 시간이나 되었다고 저러는 거지?'

그들은 아마도 이렇게 생각했을 것이다.

그러나 나는 하루도 빠짐없이 편지를 썼다. 내가 무엇을 하는지 아는 교인들은 기도로 동참하며 하나님이 이 일을 어떻게 풀어 가시는지 주시하고 있었다. 나는 물러서려야 물러설 데가 없었고, 무엇보다 물러서서는 안 되었다.

"모리타니가 멋진 나라라는 것을 외부에도 알려 주시기 바랍니다. 모슬렘을 배려하는 것처럼 외국인을 배려하면 좋은 일이 일어날 것입니다. 그러면 다른 나라 사람들이 모리타니 사람들을 어떻게 생각하겠습니까. 크리스천도 이 땅에서 공존한다는 멋진 소식을 외부 세계에 전해 주시기 바랍니다."

매번 같은 내용이지만 매번 다르게 써서 보냈다. 연약한 물방울이 돌로 된 문설주를 뚫는 법이다. 편지를 보낸 지 4개월 14일째 되던 9월 15일, 점심 식사를 하다가 나는 한 통의 전화를 받았다.

"당신의 요구대로 예배권을 허락한다."

누아디부에 신임 경찰서장이 왔다는 소식을 들었지만, 이렇게 빨리 결정을 내릴 줄은 몰랐다. 신임 경찰서장은 모리타니 출신이지만 가나에서 대학 교육을 받은 엘리트였다. 그는 모슬렘이긴 하지만 꽤나 선진적인 데가 있는 사람이었다. 그는 경찰들에게 우리 집 근처에는 얼씬도 하지 말라는 엄명까지 내렸다. 나는 하룻밤 사이에 경찰의 탄압을 받는 존재가 아니라 보호를 받는 존재로 신분이 바뀌었다.

그가 오기 전까지만 해도 경찰들이 간간이 우리 집에 들러 돈을 요구했다. 경찰들도 배가 고프긴 마찬가지여서 나는 2달러 혹은 3달러씩 점심값을 주곤 했다.

"내일부터는 우리 교회에서 예배를 드릴 수 있습니다. 할렐루야!"

나는 교인들에게 당장 선포했다. 일하는 사람들은 이 소식을 전하러 당장 시장으로 달려 나갔다.

"주님, 감사합니다. 비록 부서져서 다시 이어 붙였지만 남편이 만든 강대상에서 설교할 수 있게 되었습니다."

감사 기도는 마르지 않는 샘처럼 끝도 없이 흘러나왔다.

그날 하루가 어떻게 지나갔는지도 모르게 흘렀고, 다시 아침이 왔다. 새벽의 어둠을 가르고 "샬롬, 샬롬" 하는 교인들의 우렁찬 인사가 모스크에서 새어 나오는 아잔 소리를 압도하며 들려왔다. 그 아침에 모리타니에서 새로운 교회 역사가 시작되었다. 교회와 나의 집은 공권력 불가침 영역이 된 것이다.

마마, 나 죽으면
묻어 줄 수 있어요?

　모리타니에는 온갖 풍토병과 돌림병으로 하루에도 수많은 사람들이 죽어 나간다. 그중에서도 사람들이 가장 무서워하는 병은 에이즈다. 오늘 웃으며 만났더라도 내일 만나지 못하는 경우도 있었다. 사람들은 자신의 목숨이 모래에 쌓은 성과 같다는 생각은 하지 못한다. 죽어 가는 순간에도 그 사실을 믿지 않는다. 이곳에 오면 인간이 얼마나 연약한 존재인지 실감할 수 있다.

　옛말에 병은 자랑하라는 말이 있다. 병에 걸린 사실을 알리면 누군가 좋은 의사나 약을 소개해 주어서 병을 치료하는 데 도움을 받는다는 말이다. 그러나 이곳에서는 병에 걸리면 야생동물처럼 숨는다. 병에 걸린 순간 이웃과 친구들, 심지어 가족에게조차 버림받기 때문이다.

　어느 날 우리 교회 교인이었던 팔로마가 아프다고 했다. 창녀였던 팔로마는 자신이 에이즈에 걸린 사실을 알게 되었고, 최근에는 남편도 몸이 아파서 일을 못하게 되자 하나밖에 없는 딸을 친정으로 보내 놓은 뒤였다.

"팔로마, 병원 가자. 가서 약을 먹자."

"마마, 약 먹었어요."

"무슨 약 먹었니? 시장에서 파는 약을 먹은 거니?"

"……."

나는 틈만 나면 팔로마의 집으로 가서 문고리를 잡고 병원에 가자고 사정했다. 그러나 팔로마는 문을 열어 주지 않았다. 병원에 안 가려고 하는 이유는 무서워서다. 한때 병원에서 수액에 약을 타서 죽인다는 소문이 돌았다. 10년 전까지만 해도 안락사를 당하는 동물처럼 링거를 맞다 죽는 일이 비일비재했다. 어제 저녁에 입원한 환자가 오늘 아침에 가면 죽어 있다 보니 환자들은 병원을 불신했다.

게다가 에이즈에 걸린 사실을 알면 경찰이 와서 그들을 세상으로부터 격리했다. 빵 두 개와 물병 두 개만 들린 채 사막에 버리고 왔다. 정신병자나 귀신 들렸다고 의심되는 사람들도 사막에 보냈다. 혼자서 걸어서 올 수 없는 먼 곳에서 이들은 아무도 모르게 죽음을 맞이했다.

그러다 보니 이곳 사람들은 아프면 팔로마처럼 스스로 문을 걸어 잠근다. 아프면 곧 죽을 운명이고, 죽음을 맞아야 한다면 집에서 맞고 싶다는 것이다. 물론 그 전에는 가족들에게도 아픈 사실을 알리지 않은 채 시장에 가서 이상하게 제조된 약을 사 먹는다. 그 약이라

는 것은 다름 아니라 가나 사람들이 설탕과 이스트로 만든 소주다.
설탕을 물에 타서 이스트로 15일쯤 발효시키면 목구멍이 타들어 갈
듯이 독한 술이 만들어지는데, 이 소주에 항생제를 타서 먹으면 에
이즈 바이러스가 죽는다고 여긴다. 독한 소주를 마시면 잠시 혼절하
다시피 했는데, 그러고 나면 아픈 게 낫는 것 같은 기분이 드는 것이
었다.

　그런데 그 술의 효과는 단 며칠이다. 불행하게도 며칠 안 가 온몸
이 점점 더 쇠약해짐을 느끼게 된다. 그때는 이미 일어날 길이 없다.

"너희들이 먹는 약은 죽음을 재촉하는 약이야!"

아무리 말해도 소용없었다. 좋은 약을 구해 줄 테니 그 약을 먹지 말라는 말로 달래지만 마지막 순간이 다가오면 그들은 으레 마약처럼 이 알코올을 찾았다.

죽음의 공포 앞에서 살기 위해서 독한 약을 찾다 찾다 제초제를 먹는 사람들도 있다. 에이즈 환자 중에는 토사곽란을 일으키는 사람도 있는데, 우선 곽란만이라도 멈추고 싶어서 극약을 먹는 것인지도 모른다. 제초제를 먹으면 죽을 때까지 입술은 살아서 말을 한다. 속은 다 굳어져 가면서도 "마마" 하면서 내 손을 잡고 살려 달라고 말한다.

팔로마는 병원도 약도 거부하고 혼자 문을 잠근 채 2주일을 버텼다. 죽어 가는 순간까지 팔로마도 살고 싶었던 것이다. 방 안에서 똥오줌을 싸서 집 앞에만 가도 역한 냄새가 진동했다. 팔로마가 나를 부른 건 마지막 순간이 되어서였다. 나는 팔로마를 씻기고 손잡고 기도해 주었다.

"마마, 제가 죽으면 저를 묻어 줄 거지요?"

2주일 사이 팔로마의 몸은 꼬챙이처럼 말라 있었다. 폐가 녹은 것처럼 숨도 제대로 쉬지 못했다. 죽음을 예감한 팔로마는 자신의 시신이 함부로 버려질까 걱정했다.

"꼭 묻어 주겠다고 약속할게. 그리고 나무도 심어 줄게."

"제가 정말로 천국에 갈 수 있을까요?"

"예수님을 영접한 자는 천국에 가. 너는 예수님을 믿으니 천국에 갈 수 있어. 내가 너를 씻긴 것처럼 하나님께서도 너의 죄를 씻겨 주실 거야."

팔로마는 회개하고 내 손을 붙들고 하나님 나라로 갔다. 마지막 순간에야 팔로마는 사람대접을 받았고, 평안을 느꼈다. 나는 약속대로 팔로마를 가톨릭 묘지에 묻고 나무도 심어 주었다.

아프리카 사람들이 에이즈에 걸렸다고 하면 다들 보름 안에 죽었다. 죽을 때가 되어서야 아프다고 말을 하는지, 그들이 "아파요"라고 말하면 바로 죽었다. 생명이 꺼지면 눈에서부터 구더기가 스멀스멀 기어 나오는 통에 아무도 시신 옆에 가려 하지 않아 묻어 줄 사람조차 없었다.

"친구가 천국 가게끔 우리가 인도해야 하지 않겠니."

팔로마의 시신이 무섭다며 옆에도 가지 않으려는 교인들에게 비닐장갑을 주고, 갯벌에서 어부들이 입는 비닐 옷을 입혀 간신히 장례를 치렀다.

나는 누군가 아프다는 소식이 들려오면, 팔로마처럼 씻기고 기도해 주었다. 내 손은 흠이 없으니 에이즈에 걸리지 않을 것이라고 믿었다. 팔로마처럼 회개의 눈물을 흘리며 평안히 눈을 감는 사람도 있지만 왜 이런 병에 걸렸는지 모르겠다고 저주하면서 눈을 감는 사람, 가족에게도 버림받아 외로움 속에서 눈을 감는 사람이 더 많았다.

그러나 에이즈 환자의 마지막을 보살펴 준 일 때문에 나는 또 한 번 구설에 올랐다. 팔로마가 죽은 그해에 교인 중에서 서른두 명이

나 죽었다. 그 바람에 '교회에 다니면 저주받아 죽는다' '교회 마담이 만지면 죽는다'란 괴소문이 돌았다. 교인들이 죽어 나가자 모슬렘들은 괴소문을 퍼뜨려 공포를 유발한 것이다. 에이즈 때문인지 아니면 돌림병이 돈 것인지는 모르지만 그해에는 교인들뿐 아니라 모슬렘들도 유난히 많이 죽었다. 극도의 공포 상태에서 사람들은 이성을 잃어버렸다. "크리스천들 때문에 우리가 죽어 나간다"라고 누군가 뜬소문을 퍼뜨리더라도 믿을 기세였다. 사실은 구원받지 못한 영혼을 외면하지 않고 마지막에 구한 것인데도 말이다.

새벽 기도 시간마다 함께한
일곱 명의 무당

죽음의 교회라는 소문이 돌자, 사람들은 '교회 마담은 남편을 죽이고도 모자라 교인까지 죽이는 마녀'라고 믿었다. 시장에 가면 사람들이 나를 슬슬 피하며 물러가라고 돌멩이를 던지기도 했다. 교회 마담이 마녀라는 소문은 꼬리에 꼬리를 물고 부풀었다. 어느새 나는 무시무시한 큰 무당이라는 소문이 났다. 그들은 나를 "그랑말라부(대마녀)"라고 불렀다. 그해 12월 3일, 새벽 기도 때 온몸에 부적을 단 일곱 명의 무당들이 한꺼번에 들이닥쳤다. 아프리카에는 여자 무당도 있지만 대부분은 남자다. 남자 무당은 사막에 홀로 들어가서 기를 받는다. 이런 무당은 마을 사람들과 같이 살지 않고 사막 근처에서 외따로 떨어져 산다.

일곱 명의 무당들은 제일 앞줄에 버티고 앉아 주문을 외웠다. 그들은 주문을 외우면서 내 사진을 난도질해 대며 저주를 걸었다. 누구의 영적 힘이 더 센지 한번 겨뤄 보자는 뜻이다. 시장 사람들은 무당이든 나든 둘 중에서 하나는 죽을 거라고 예상했다. 교인들조차 무당의 기에 눌려 벌벌 떨었다.

다음 날도, 그 다음 날도 무당들은 새벽마다 제일 앞줄을 차지했다. 그들이 올 때쯤 되면 개털 태우는 노린내가 진동했다. 그러나 그들이 올 때마다 나는 "웰컴!"이라고 두 팔을 활짝 벌려 교회에 온 걸 환영했다. 무당들은 예배를 끝내고 교회를 나가면서 '언제쯤 죽을까?' '지금쯤 죽을 때가 되었는데' 하는 시선으로 나를 쳐다보곤 했다.

어느 날, 그들이 나를 노려보며 주술을 거는 순간, 나는 무시무시한 음성으로 그들을 꾸짖었다.

"앞에서는 하나님의 불검이 지금 당신들을 향해 가고 있고, 뒤에서는 십자가의 군병들이 오고 있습니다. 당신들이 어디로 가겠습니까?"

교인들은 무당의 위세에 동요하지 않는 나를 보면서 하나님의 위대하심을 느꼈다.

무당과 함께하는 이 희한한 새벽 기도는 3주 동안 이어졌다. 새벽마다 교인들은 나와 함께 기도하며 하나님의 권능을 찬양했다. 나는 크리스마스가 가까워 오자 교회에 오는 무당들을 위해서도 선물을 샀다.

"당신들이 주문을 걸어 그렇게 나를 죽이려고 해도 나는 안 죽었습니다! 이 선물이나 갖고 가세요. 12월 25일은 우리 주님 예수님이 이 땅에 오신 생일입니다. 당신들도 예수님이 오신 날은 알아야 하지 않겠습니까."

나는 교인들과 똑같이 그들에게도 쌀 3킬로그램, 기름 한 병과 설탕 1킬로그램을 사서 주었다. 무당들은 선물을 받아 기뻐하며 갔다. 그들은 그 이후로는 교회에 일절 나타나지 않았다. 아마도 시장에는 무당보다 나의 영적 권세가 더 세다고 소문이 났을 것이다.

이듬해 부활절 행사를 마친 뒤, 한국에 가려고 준비하던 중에 나는 다시 개털 타는 노린내를 맡았다. 비행기 시간에 맞춰 나가려는데 일곱 명의 무당 중 가장 강하다는 무당이 찾아와서 무릎을 꿇고 살려 달라고 했다.

"마담! 살려 주세요. 당신에게 건 저주가 내게로 오고 있어요."

그는 사시나무 떨듯이 떨었다. 신기하게도 그는 우리 집 쪽으로는 그 강한 저주가 가지 않았다고 말했다. 대신 그 저주가 자신을 향해 날아오고 있으니 자신을 보호해 달라고 했다.

"당신이 어떤 짓을 했는지 알겠습니까? 당신이 한 짓이니 나는 모르겠습니다."

그를 매몰차게 밀어냈지만 그는 내 다리를 잡고 살려 달라고 매달렸다.

"하나님이 얼마나 강하신지 당신도 이미 봐서 알지 않습니까? 당신이 주님께 회개하는 순간 주님께서 용서해 주실 것입니다. 악한 귀신들은 우리 집 대문을 넘어오지 못하니 여기서 하나님께 기도하세요!"

그는 이번에는 진정으로 하나님께 예배를 드리고는 한 달 뒤에 다른 나라로 떠났다. 더 이상 무당 짓을 하지 않은 건 물론이다. 만약에 크리스천으로 개종한 사실이 드러나면 그는 사형당할 수 있었다. 그가 교회에서 예배를 드렸다는 것은 개종했다는 강력한 증거다. 누군가 쥐도 새도 모르게 개종한 자를 죽여 버리는 것이 이슬람의 법이다. 그는 모슬렘들을 피해 다니는 처지가 되었지만 하나님은 자신이 어디로 가든 보호해 주시며 전혀 다른 삶을 주실 것이라고 믿으며 떠났다.

'막가파'의 나라에서
사는 법

주인이 없는 집에는 강도가 들게 마련이다. 나는 집을 비울 때마다 교인들에게 기도를 단단히 하고 있으라고 일러 준다. 밭을 비울 때도 마찬가지다. 기도하지 않으면 희한하게도 열매가 달리지 않았다.

그날은 몇 시간 집을 비웠을 뿐인데 집에 오니 난리가 나 있었다. 수도국에서 계량기를 떼어 가는 바람에 단수가 되어 있었던 것이다.

"왜 떼어 간다고 하든?"

"마마, 수도세를 내지 않아서 그렇대요."

나는 당장 수도세 영수증을 들고 수도국으로 뛰어갔다. 이곳에서 살아남으려면 목청도 크고 동작에 절도가 느껴지는 특공대 아줌마가 되어야 한다. 관리들은 말도 안 되는 온갖 이유로 돈을 요구한다. 처음 몇 번은 사정을 몰라서 세금 폭탄을 맞았다. 한 달에 수도세가 무려 200달러가 넘게 나온 적도 있었다. 수도 검침을 하는 사람이 계량기를 확 돌려 놓는 농간을 부렸기 때문이다. 어떨 때는 우리 집 계량기를 많이 쓴 집의 계량기와 바꿔 달아 놓기도 한다.

이런 일을 겪고 난 뒤부터는 우리 집 계량기 번호를 적어 놓고, 하루하루 검침도 직접 한다. 만약 계량기를 떼어 가기라도 하면 집집마다 돌면서 우리 것을 찾아온다. 수도국에서 돈을 안 냈다고 하면 그 자리에서 영수증을 보여 준다. 영수증을 잃어버리기라도 하면 200달러든 300달러든 그들이 요구하는 액수를 내야 하기 때문에 전기와 수도세 등 각종 영수증을 전대에 차고 다닌다.

한 술 더 떠 수도국 직원과 직접 실랑이를 벌이기 위해 목요일 오후에는 가급적 외출을 자제한다. 모리타니의 관공서는 목요일 오후부터 토요일까지 쉬고 일요일에 일을 시작하기 때문에 수도국 직원들은 목요일 오후쯤 갖은 빌미로 물을 끊으러 온다.

모리타니에서 살아남으려면 무대뽀에다 목소리가 커야 한다. 합리적으로 조곤조곤 따지는 사람은 아예 상대해 주지 않는다. 그러다 보니 관공서에만 가면 다들 욕하고, 소리 지르고, 한바탕 난리를 친다. 관공서 직원들이 '저 사람은 도저히 건드릴 수 없겠다'고 판단될 때 수도 계량기를 주거나 수도세를 정정해 주기 때문이다. 그러니 경찰서를 가든 수도국을 가든 어디를 가든 한바탕 아수라장을 만들 배짱이 있어야 한다.

농장을 운영하면서 나는 그야말로 무서울 것 없는 특공대로 돌변했다.

"은혜로우신 주님, 하루 일과를 경찰서에서 시작하더라도 절대로 지지 않게 버팀목이 되어 주십시오."

새벽 기도가 끝난 뒤에 간단하게 나를 위해 기도할 때, 늘상 이렇게 기도했다. 이제부터는 험난한 하루를 시작할 참이기 때문이다.

경찰은 우리 집으로 일하러 들어오는 일꾼들의 차를 잡아서 벌금을 물리고, 장애인 센터 선생님들의 차를 세워서는 운전자까지 경찰서에 억류하곤 했다. 그러다 보니 농장을 한 뒤로는 그야말로 경찰서를 내 집 안방 드나들듯이 했다. 어떨 때는 아침 일곱 시부터 하루에 서너 차례 간 적도 있었다. 경찰서 문을 들어서는 순간, 그들을 한 사람 한 사람 쏘아보면서 우렁찬 목소리로 "우리 사람들을 자꾸 잡아가면 가만두지 않겠다!"라고 윽박질렀다.

"주님, 이렇게 기 싸움을 한바탕해서 밀리지 않아야 내 재산과 일과 사람을 지킬 수 있다니 얼마나 복장이 터지는 노릇입니까. 저들을 언제까지 저대로 두실 겁니까!"

경찰서에서 돌아오는 길에 핸들을 잡고는 목청껏 주님을 부르곤 했다. 주님은 내 기도에 주님만의 방식으로 응답하셨다. 나는 땅의 기운을 받아 거칠 것 없이 쑥쑥 자라 오르는 사막의 사와로 선인장처럼 되었다. 불과 몇 달 전까지만 해도 계량기를 떼어 가면 수도국에 가서 하염없이 눈물을 떨구었는데, 이제는 나도 모리타니 식으로 문부터 쾅쾅 소리 내어 열고 들어갔으니 말이다. 나는 총만 안 들었지 특공대였다. 사람이 몇 달 사이에 이렇게 변할 수 있다는 사실에 나도 마음속으로는 무척 놀라고 있었다.

모리타니에서 사는 것은 쉽지 않다. 자동차 사고가 나서 병원에 실려 가도 당장 치료비를 내지 못하면 뼈가 부러져도 엑스레이조차 못 찍는다. 은행이 없다 보니 카드도 쓸 수 없다. 공포의 알카에다가 활약하고 있어 간혹 프랑스나 스페인 사람들이 수도로 가는 길에서 납치된다. 납치 사건은 흔한 일이지만 외부에 알려지지는 않는다. 나라의 주인도 자주 바뀐다. 2003년부터 10년간 쿠데타가 일곱 번이나 일어난 까닭에 치안과 행정 부재 속에서 사는 셈이다.

그러다 보니 청년들 중에는 '막가파'식으로 살려는 사람도 있다. 그들은 알카에다에서 300달러만 주면 테러하겠다, 청부 살인을 해주겠다는 말을 공공연히 하고 다닌다. 이런 사람들과 어울려 살려면 그들보다 기가 세야 한다. 기 싸움에서 밀리면 그때부터는 자기들 마음대로 하려고 해서 혼돈이 온다. 그러다 보니 이곳은 선교사든 NGO든 외국인의 전쟁터다. 눈에 보이지 않는 무법과 무질서와 무개념과 싸워야 하기 때문이다. 150센티미터짜리 홀쭉한 보릿자루 같은 나는 그야말로 주님의 충전이 없으면 한순간도 이 땅에서 버틸 수 없을 것이다.

살인 누명을 쓰다

살다 보면 억울한 일이 한두 가지가 아니다. 다른 사람이 나를 속일 수도 있고 오해가 생겨 억울해지는 경우도 많다. 오죽하면 "버선목처럼 속을 뒤집어 보여 줄 수도 없고"라는 말을 하겠는가. 억울함을 토로하는 말은 만국 공통으로 있는 말이다.

정부의 기강이 제대로 서지 못한 모리타니 같은 나라에서는 죄 없는 자가 하룻밤 사이 살인자가 될 수도 있다. 법과 정의가 바로 서지 않으면 사람들이 얼마나 고통받는지 뼈아프게 실감했던 일이 있었다.

어느 날 이른 아침이었다. 우리 집에서 일하는 야의 외마디 비명 소리가 들렸다. 야는 아들의 밥을 챙겨 주고 화장실에 다녀오겠다며 나갔던 참이었다. 나는 슬리퍼도 신지 않고 후다닥 뛰어나갔지만 야는 이미 2층에서 떨어져 쓰러져 있었다. 의사는 야의 상태를 보더니 빨리 큰 병원으로 옮기라고 했다.

"미셔너리, 저 이제 죽는 거예요?"

"무슨 말을 하는 거니? 하나님이 데려가셔야 천국에 가는 거지."

병원에 가는 길에 야는 내 손을 꼭 잡았다. 그러더니 손에서 힘이 풀렸다. 영혼이 빠져나간 육신은 마치 마네킹 같다. 야도 그 순간부터는 마네킹처럼 보이기 시작했다.

야는 그때 마흔일곱 살이었다. 한국 사람으로 치면 한창 때인 아줌마지만 모리타니에서는 그 나이 정도 되면 할머니 대접을 받는다. 그동안 온갖 일을 해서 번 돈을 모두 남편에게 빼앗긴 야는 빈털터리 신세가 되어서 우리 집으로 왔다.

아프리카 사람들은 누구나 유럽 드림을 꿈꾼다. 유럽으로 밀항하기 위해서 전 재산을 다 털어 넣는데, 야의 가족도 예외는 아니었다. 야의 남편도 유럽으로 밀항했다. 그러나 그 뒤에 남편은 소식을 끊고 야를 다시 찾지 않았다. 야는 그것이 한이 되어 늘 가슴 아파했다. 야가 쓰러진 이유는 문외한인 내가 봐도 심근경색이었다. 가슴을 부여잡고 쓰러진 야가 한없이 측은했다. 다른 이유로 죽었다면 이렇게 억울하지 않을 것 같았다.

그런데 죽은 야를 차에서 내린 뒤에는 악몽이 기다리고 있었다. 야의 시신은 병원 마당에 내려졌다. 깔개도 없는 맨땅에 야를 뉘어 놓는 것도 마음이 아픈데, 곧이어 경찰이 들이닥쳤다. 병원 의사는 누군가 목을 졸라서 야의 얼굴이 시퍼래졌다고 했다. 그들은 범인으로 나를 지목했다. 나는 그때까지만 해도 '설마 큰일이야 당할까'라고만 생각했다. 야는 누가 보아도 심근경색이었고, 야가 쓰러지는 것을 보고 바로 의사를 불렀고, 병원에 데려오기까지 했기 때문이다.

그런데 경찰은 내가 야를 죽였다는 것이다. 여덟 시간 동안 "왜 목을 졸라 죽였나?" "무슨 말이냐? 나는 죽이지 않았다"는 말만 서로 반복했다. 아무리 내가 부인하더라도 그들이 내게 계속 살인 누명을 덮어씌웠다. 그들이 우기는 걸 당해 낼 수가 없었다. 게다가 병원 의사까지 야의 목을 누군가 졸랐다고 말하는 상황에서는! 무슨 의사가 저렇게 엉터리냐는 소리가 입 밖으로 나오려는 것을 간신히 참고 하나님께 기도했다. 그러고는 야를 직접 검진했던 의사를 불러 달라고 요청했다.

"야가 살아 있을 때 검진한 의사, 내가 부른 의사를 데려와 주세요."

"의사는 여기 있잖아!"

"야를 직접 검진한 의사를 불러 달라고 하는 것이잖아요!"

우리 집에 와서 야를 처음 본 의사라면 상황을 잘 설명해 줄 것 같았다. 그러나 그가 조금이라도 잘못 말한다면 나는 그야말로 꼼짝없이 살인자가 되는 것이었다. 그들은 그 의사를 불러왔다. 다행히 그는 자신이 진료를 했고, 큰 병원으로 옮기라고 지시했다고 설명했다. 그때까지 목 졸린 흔적이 없었다고도 증언했다. 얼굴이 파란 것은 목이 졸려서가 아니라 심장이 나빠 숨을 못 쉬어서 그런 것이라는 부연설명도 했다. 이 정도의 증언이면 풀려날 만도 한데 그렇지 않았다. 한국 같으면 부검을 해 보면 알 것이고, 부검을 하지 않더라도 의사들이 육안으로 보면 금방 알 것이다. 그런데 모리타니는 어처구

니없는 일들이 일어나는 곳이었다.

"경찰서에서 나가려면 1,000달러를 내."

"왜 1,000달러를 내야 합니까?"

"나가려면 1,000달러를 내라니까! 너희 집에서 일하는 사람이 죽었잖아."

더 이상 입씨름을 해 봐야 소용이 없었다. 일하는 사람을 병원으로 옮기던 중 내 차에서 죽었다는 이유로 나는 1,000달러의 범칙금을 냈다. 당시 1,000달러면 누아디부 중심가에서 집을 몇 채 살 수 있는 큰 액수였다. 경찰은 그 돈을 어떻게 했는지 모르지만 나는 벌금을 내고 나서야 풀려났다.

만약 내가 야가 쓰러졌을 때 의사를 부르지 않았다면 어떻게 되었을까? 그 의사가 양심 없는 사람이었으면 어떻게 되었을까? 의사의 말을 무시하고 병원으로 옮기지 않았다면 어떻게 되었을까? 생각하면 할수록 식은땀이 흘렀다.

또 만약에 나에게 1,000달러가 없었다면 어땠을까? 나는 불행 중 다행으로 풀려났지만, 억울하게 당하는 사람도 많을 것이었다. 숨이 막히는 억울함을 당해 보고서야 나는 야의 심정이 이해되었다.

'평생을 헌신한 남편에게 헌신짝처럼 버려졌으니 야의 고통이 얼마나 컸을까. 그동안 나는 그녀의 고통을 이해한다고 생각했는데 그것이 아니구나.'

식은땀을 흘리며 절체절명의 순간까지 가 보니 이 땅에서 사는 사람들의 억울함이 이해가 되었다. "여호와는 마음이 상한 자를 가까이 하시고"(시편 34:18). 주님이 이 땅에 사는 사람과 같은 고통을 겪어 보게 하심으로써 그들을 위해 더 기도하게 만드신 것일까? 다음부터는 고통받는 모리타니 사람들을 위해 기도할 때 눈물부터 쏟아졌다.

Part 4.
누아디부의
미셔너리를
찾아라

악인을 일꾼으로
쓰는 이유

모슬렘이 교회를 위해 일한다고 하면 사람들은 놀란다. 그런데 그런 일이 우리 교회에서 일어나고 있다. 포바나, 하메드, 이스마일은 나의 충실한 동반자들이다. 그들은 나를 '미셔너리'가 아닌 '마담'이라고 부른다. 그들은 내 밑에서 일하면서도 모스크에 다닌다.

"왜 교인도 많은데 모슬렘을 집안의 일꾼으로 들입니까? 그들이 고발이라도 하면 어쩌려고 그러세요?"

"제 몫의 일이 있기 때문입니다."

호기심 반 걱정 반으로 한국 교인들이 나를 걱정하면 나는 웃으며 대답한다.

집에서 일하는 파트마투는 부엌일을 맡고 있다. 파트마투는 여느 아프리카 아줌마들처럼 입이 걸다. 한국말로 하면 '년' 같은 욕을 늘 입에 달고 있다. 아프리카 말을 아는 사람이 들으면 기함할 말도 종종한다. 그러나 요즘은 그런 욕을 일체 하지 않는다. 간혹 하다가도 아차 하는 표정으로 얼굴을 붉힌다. 포바나도 집에서도 일하는 여자 일꾼인데, 나는 그녀를 센터에 내보내서 일을 돕게 한다. 처음에는 단순한 잡일부터 시작했는데 교회 벽에 귀를 대고 말씀을 듣는 것을 보고는 그녀를 센터로 보내고 있다. 나와 함께 있는 기간이 조금 오래된 제시스, 소베, 포르투와는 "예수님이 너를 구원하신단다"라고 하면, "아멘, 아멘!"이라고 대답한다. 그들은 나를 통해서 예수님을 영접한 사람들이다. 나의 일거수일투족을 보다 보니 모슬렘과 다른 점을 느낀 것이다. 욕하지도 않고, 인격적으로 모독하지도 않고, 예수님 외에는 다른 이야기는 일체 하지도 않으니 크리스천은 뭔가 다르다고 생각하는 눈치다.

게다가 나는 절대로 먼저 그들에게 모스크에 가지 말고 교회에 오라는 말을 하지 않는다. 일하는 사람의 영혼까지 마음대로 하려 한다는 비난을 듣고 싶지 않아서만은 아니다. 성령님이 인도하시는 역사를 스스로 느껴 보라는 뜻에서다. 그들은 우리 집에서 일하더라도 반년 정도는 모스크에 다닌다. 그러다 성령님이 역사하시는 순간, 모스크에 발걸음을 딱 끊는다. 일꾼들 중 오말과 무사는 이렇게 모스크에 발걸음을 끊은 뒤 교회에 나와 세례를 받았다. 그 뒤 그들은 다른 지역에 가서 하우스보이 같은 허드렛 일꾼이 아니라 전혀 다른 일을 하면서 복음을 전하고 있다.

나의 선교 철칙은 모슬렘에게 말로만 '이것이 예수의 말씀이니 실천하라'고 하지 않는 것이다. 내가 주님 앞에 제대로 선다면 나를 통해서 복음이 전달되리라고 믿는다. "네 이웃을 대접하라"라고 하지 않는 대신 내가 이웃을 대접하는 모습을 보여 주면, 그 행동을 통해 예수님의 말씀이 그들의 마음에 들어간다. 그래서 나는 모슬렘에게도 기꺼이 일을 시키고, 그것을 잘 수행할 수 있기를 기도한다. 성령님이 언제 누구에게 역사하실지는 모르기 때문이다.

우리 집에서 일하는 사람 중에서 라마단을 지키려는 사람이 있다면 지키게 하고, 금식에서 깨어날 때 그들이 먹는 음식을 해 주기도 한다. 그들의 알라를 존중해서가 아니라, 오히려 나의 중심은 언제나 예수님이기 때문이다. 크리스천과 모슬렘 사이에는 보이지 않는 담이 분명 존재하지만, 담이 없는 것처럼 행동한다. 그러면 서서히 담이 무너져 내려 이웃이 된다.

하나님, 마마 차 좀
바꿔 주세요!

　새벽 기도를 끝낸 교인들이 현관 앞에 나란히 서 있다. 오늘은 또 어떤 일이 벌어질까? 긴장하는 눈치가 역력했다. 느려 터지고 낙천적인 모리타니 사람들도 내 차만 보면 긴장했다. 내 첫 차는 남편이 타던 벤츠 81년형 240이었다. 그러다 250으로 바꿨다. 공통점이라고는 모두 스틱이고, 구닥다리라는 것이다. 급기야 시동을 걸려면 사람이 밀어야 하는 지경에 다다랐다.

　물론 차가 처음부터 그럴 리는 없다. 세월이 흐른 만큼 차도 늙어 주저앉고 싶은 것이다. 1990년대 중반쯤 240에 진저리를 칠 즈음, 우리 집에서 하숙하던 선원 한 사람이 하숙비 대신 벤츠 250을 두고 갔다. 나는 회색 페인트를 칠해서 몇 년간 잘 타고 다녔다.

　그러나 몇 년 전부터 이 차는 아프리카 당나귀마냥 꼼짝을 안 했다. 아무리 어르고 달래도 시동이 걸리지 않을 때는 교인들이 일렬로 늘어서서 당나귀에게 욕을 하듯이 투덜거리면서 일제히 민다. 차가 움직여야 그들의 일상이 시작되기 때문이다.

　그날도 말 안 듣는 당나귀 같은 차를 어르고 달래서 바그다드로 가는 길이었다. 몇 번은 길 가운데서 꼼짝도 안 해서 진땀깨나 흘렸다. 차는 얼마 가지 않아 투레질하는 당나귀처럼 멈추기를 반복했다. 한국 사람 같으면 당장 차를 걷어차면서 버리겠지만 여기 사람들은 그렇게 못한다. 말 안 듣는 당나귀마저 없으면 꼼짝도 못하기 때문이다. 간신히 달래서 다시 달리기 시작하는데, 갑자기 운전석 옆자리에 앉은 사람이 소리쳤다.

　"마마, 차가 타고 있어요!"

　차는 거품을 물고 쓰러지는 당나귀처럼 보닛에서 김이 무럭무럭 오르고 있었다. 차를 세우고 모두들 뛰어나가서 보닛을 여는 순간, 순식간에 불이 나 버렸다. 어떻게 보닛을 열었는지도 모르겠다. 그 뜨거운 것을 열고 모래를 끼얹어 불을 껐다. 이제는 제시간에 바그다드로 가는 게 문제가 아니라 뜨거운 차를 식혀서 수리하는 데까지 끌고 가는 것이 문제였다. 보나마나 누전이었다. 내 차도 모리타니식이다. 원인은 너무나 잘 알고, 어떻게 해야 하는지도 알지만 아무것도 할 수 없는 것! 너무 오래되다 보니 배선에 문제가 있다는 것쯤은 누구나 다 알았다.

　"하나님, 우리 마마 차 좀 바꿔 주세요."

　어지간해서는 불평하지 않고, 아픈 티도 안 내는 교인들이 일제히 말했다. 다들 조금쯤은 손에 화상을 입었다. 뜨거운 보닛을 들어 올

리는데 어떻게 손이 성하겠는가.

　내가 불편한 건 참으면 되지만 교인들이 고생하는 건 또 어떻게
할 것인가? 가스도 아껴 쓰기 위해서 갖은 묘안을 짜내는 판에 차를
바꾼다는 건 언감생심 꿈도 꾸지 못할 일이었다. 당장 차를 고칠 동
안 차 없이 살아간다는 것도 기가 막힐 노릇이긴 했지만.

　그러나 나는 차를 바꿔 달라고 기도하지 않았다. 필요한 것을 먼
저 알아서 공급해 주시는 하나님이시니 언젠가 때가 되면 공급해 주
시리라 믿고 불편을 참고 있었다. 진퇴양난의 상황에서는 모든 것을
하나님께 맡겨 버리고 공급해 주시는 것만으로 생활하는 게 편하다.

　하나님은 예상보다 빠른 시간에 전혀 엉뚱한 방법으로 차를 선물

해 주셨다. 아프가니스탄에 계시던 선교사님이 철수하면서 그동안 나온 선교 헌금을 모리타니에 주심으로써 차 문제가 해결되었다. 다른 급한 곳도 많았는데 그 선교사님이 보기에 내 차가 언제 주저앉을지 모르는 당나귀 같아 보였던 모양이다.

회색 신형 도요타가 교회 앞에 세워져 있자 저 멀리서부터 교인들의 얼굴이 밝아졌다. 이제 똥차 때문에 더 이상 고생하지 않게 된 걸 축하하는 의미에서 한바탕 왁자지껄 차에 축복의 말을 했다. 회색 도요타는 번쩍번쩍한 새 차는 아니지만 예전에 타던 것에 비하면 리무진 수준이었다. 이제는 교인들이 어디로 가든 잘 달려 준다.

"봐라. 하나님은 언제나 알아서 갈급함을 해결해 주신다."

"아멘, 아멘!"

교인들은 하나님이 주시는 보너스를 누구보다 굳게 믿는다!

여자 선교사 여행 가방에
남자 팬티가 가득

누아디부 사람들은 흰색을 좋아한다. 그들이 가진 흰색에 대한 열망을 이해 못할 바도 아니다. 흰색은 검은 피부의 사람들이 가지지 못한 색임은 분명하다.

비극이라면 그들은 흰색 옷을 입을 때 속옷까지 갖춰 입지 못한다는 사실이다. 속옷까지 갖춰 입을 형편이 안 되다 보니 속옷에 대한 개념이 없다 해도 과언이 아니다.

그런데 성가대원들을 앞줄에 세울 때 민망한 상황이 벌어졌다. 그들이 흰색 바지를 입고 싶어 하기에 나는 흰색 바지를 마련해 주었다. 그때는 바지를 주면서 팬티까지 주어야 한다는 사실을 미처 몰랐다. 다들 팬티 없이 바지만 달랑 입고 나타나자 속이 훤히 비쳤다. 그나마 다행스러운 건 그들은 전혀 민망해하지 않는다는 사실이다.

여자든 남자든 노팬티로 다니다 보니 앉으면 바로 볼일을 볼 수 있고, 서면 그대로 걸어갈 수 있었다. 지퍼가 고장 나서 앞이 턱턱 벌어지는데도 거리낌 없이 입고 다녔다. 심지어 벌어진 지퍼 사이로 코끼리 코처럼 고추가 덜렁 나와도 그냥 다닌다. 이쯤 되면 도대체 왜 바지를 입는지 모를 지경이다. 그들은 우리처럼 몸을 가려야 한다는 개념이 별로 없었다. 반대로 드러내어 자랑할 만하다고 여긴다.

시장에 가서 남자 팬티를 수십 장씩 사 와도 금방 동이 났다. 식구들이 많다 보니 한 개씩만 줘도 한 집에 열 장씩 필요한 경우도 있었다.

팬티를 입으라고 가르치고 나니까 이제는 팬티가 모자라서 그야말로 난리가 났다. 장애인 센터에 있는 아이들에게 팬티를 입혀 보내도 다음 날 또 팬티를 안 입고 온다. 누군가 뺏어 입어 버렸기 때문이다. 그러면 또 팬티를 입혀 보낸다. 팬티 뺏어 입기는 가족들에게 팬티가 모두 하나씩 돌아가야 멈춘다.

남편이 살아 있을 때는 남자 교인들의 팬티는 남편이 챙겼다. 그러나 남편이 죽고 난 뒤부터는 그것마저 내가 챙겨야 했다. 그러다 보니 한국에 나오거나 유럽에 가면 팬티를 수십 장씩 사 오는 것이 일상이 되었다. 물론 모리타니 시장에도 팬티는 있지만, 팬티라면 자고로 좋은 면이어야 한다는 한국 아줌마의 '팬티순면주의'가 커다란 여행 가방을 남자 팬티로 가득 채우게 한다. 나는 검은 바지와 티셔츠 하나로 사철을 나는 단벌 선교사이기 때문에 커다란 여행 가방이 딱히 필요가 없는데 말이다. 팬티와 바지를 어떻게 확보하느냐는 늘 내 머릿속에서 떠나지 않는다.

세 치 혀로
늘 시험에 드는 오말

오말은 내가 교회를 개척할 때 가장 많은 도움을 준 사람 중 하나였다. 오말은 하나님께 많은 은사를 받았다. 그런데 현지인들이 오말의 권위를 인정하고 순종하자 그는 점점 교만해져 갔다. 어느 날부터인가 오말은 나에게 가장 자주 혼나는 사람으로 전락하고 말았다.

"오말, 기도를 게을리 하면 안 된다. 말씀 읽기도 마찬가지고. 네가 밥을 먹는 것처럼 늘상 기도하고 회개하지 않으면 죄를 짓게 돼!"

"네, 미셔너리! 그렇게 하고 있다고요!"

오말은 대답 하나만큼은 머뭇거리지 않고 시원시원하게 잘한다. 대답하는 그 순간에는 적어도 진실했다.

그러나 대답을 끝내자마자 오말의 혀는 시험에 들곤 했다. 더욱 안타까운 것은 오말 자신이 무엇을 잘못하고 있는지, 무슨 말을 하고 있는지 전혀 깨닫지 못한다는 것이다. 그러다 보니 오말이 사고를 치고 내가 수습하는 상황이 잇따라 벌어졌다.

오말을 보고 있으면 노아가 세 아들 중 왜 함을 미워했는지 알 것 같았다. 성미가 급하고 거칠 뿐 아니라 남 앞에 나서기 좋아하고, 말을 담아 둘 줄 모르는 함. 노아가 포도주에 취해 벌거벗고 자는 것을 함이 다른 형제들에게 말하지 않았다면 노아도 함에게 저주의 말을 내리지는 않았을 것이다.

오말은 언어에 탁월한 달란트가 있었지만, 바로 그 세 치 혀가 늘 문제였다. 통역을 맡기기 위해 교육전도사 자리를 준 것이 화근이었다. 그는 점점 자신의 기분 내키는 대로 말했다. 심지어 교회 일을 자기 마음대로 처리하곤 했다.

"너희들이 굶고 있으니 예배가 끝나면 쌀 2킬로그램씩을 주겠다."

나에게 와서 의논도 하지 않은 채 교인들에게 이렇게 말해 버리곤 했다. 예배를 마친 교인들이 줄을 서서 나를 기다리고 있을 때는 오말이 이와 같이 사고를 친 날이다. 그러면 나는 오말의 말대로 하지 않을 수 없다. 교인들 앞에서 보조 사역자인 오말을 닦아세울 수도, 싸울 수도 없는 노릇 아니겠는가. 오말이 내 아래 있는 한 오말이 선포한 것은 내가 선포한 것이나 다를 바 없지 않은 데다 오말의 말만 믿고 잔뜩 기대하며 서 있는 교인들을 빈손으로 내보내기에는 마음이 너무 아팠다. 급히 쌀을 봉투에 퍼 담아 나눠 주며 그들을 축복했다.

오말 덕분에 나는 프랑스어와 아랍어를 좀 더 빨리 배워야만 했다. 잘 모르는 단어가 나올 때는 오말 앞에서 말실수를 할까 봐 잠깐 내

방에 가서 사전을 찾아보곤 했다. 물론 그 잠깐도 오말은 절대로 참지 못했지만! 불과 3분. 사전을 찾아보고 다시 2층 예배실로 올라가는 사이에 오말은 또 엉뚱한 소리를 했는지 교인들이 해맑은 얼굴로 나만 바라보고 있었다.

"미셔너리, 오늘 어떻게 저를 부자로 만들어 주실 거예요?"

"왜? 오말이 또 뭐라고 했니?"

"네, 오늘 저희들에게 많은 축복을 내려 부자로 만들어 주겠다고 했어요."

나는 이 사태를 수습하면서, 오말이 이 정도로만 실수를 해 준다면 그나마 충분히 용납할 수 있을 것 같았다. 가난한 자기 동족들이 불쌍해서 자신도 모르게 그런 말이 나왔다고 생각할 수 있으니까 말이다.

그러나 오말은 그 정도에서 그치지 않았다. 기도를 하면서 자기가 미워하는 교인을 지목해 벌을 내리겠다는 말을 서슴없이 하거나, 악인이나 사탄이라고 비난하는 통에 나에게 여러 번 혼나고 교인들에게 흠씬 맞기도 많이 맞았다.

하지만 나와 교인들은 그를 결코 미워할 수 없었다. 화가 나면 화를 내고, 욕을 하고 싶으면 욕을 마구 해 대는 '날뛰는 망아지' 같을지언정 겉으로는 웃는 척하면서 등 뒤에다 칼을 꽂는 부류의 인간은 아니었기 때문이다. 몽둥이찜질을 당해서 얼굴이 퉁퉁 붓고 멍이 들더라도 어김없이 다음 날 새벽 기도에 웃는 얼굴로 나타났다. 모두들 오말에게 어떤 일이 있었는지는 그의 얼굴을 보면 금방 알았다.

"오말! 네가 말만 조금 조심한다면 하나님도 굉장히 기뻐하실 거야."

"미셔너리, 하나님이 저를 사랑하는 건 맞아요. 전 늘 확신합니다."

"오말, 하나님이 조금 더 기뻐하실 일을 할 생각은 없니?"

"늘 그렇게 하고 싶어요."

이렇게 말하는 오말을 누가 미워하겠는가! 미운 생각이 들더라도 슬그머니 웃으면서 용서해 주는 수밖에.

오말은 내게 혼이 나면서도 자신을 교육전도사로 세워 준 것에 고마워했다. 늘 싱글벙글 웃음이 떠나지 않을 뿐 아니라 주중에는 본업인 이발사로 일하고, 주말에는 월급을 주지도 않아도 교회를 위해서 헌신했다. 교인들 심방을 갈 때도 앞장서고, 죽은 교인을 묻는 궂은일도 열심히 했다.

오말은 10년간 교회를 위해서 봉사하다가 지금은 스페인에 머물고 있다. 그곳에서 이발사를 하면서 불법체류 중인 아프리카 사람들을 전도하는 중이다. 그는 세상 어디를 가든 절대로 가만히 있을 사람은 아니다. 요즘도 나는 오말이 어디에 있건 다른 사람 앞에 나서서 말하는 걸 좋아하는 버릇을 잘 활용하기를 기도할 뿐이다.

13년간 똥을 푼
사무엘

사무엘의 첫인상은 마른 양 같았다. 침울하지만 선량한 눈을 가지고 있었다. 내가 모리타니에서 가장 먼저 만난 신기료장수로, 찬양을 듣자 이상하게 가슴이 뛴다고 말한 사람이다. 그 누구보다 정직하고, 인내심이 강하고, 부지런한 사람이라는 걸 나는 뒤에 알게 되었다.

하나님은 사무엘에게 일꾼으로서 좋은 자질을 갖추게 해 주셨다. 사무엘은 이른 아침부터 교회에 와서 마당을 쓸곤 했다. 하나님이 밟으실지 모르니 티끌 하나 없이 해 놓고 싶다는 순수한 마음이었다. 무엇보다 그는 부지런한 일꾼으로 똥바가지를 가장 많이 든 교인이기도 했다.

나는 교인 중에 손에 똥을 안 묻힌 사람이 없게 했다. 만년배기 모리타니 사람은 약삭빨라 절대로 자신이 손해보는 행동은 하지 않는다. 그렇기 때문에 나는 더욱 더러운 것, 하기 힘든 일을 직접 하게 시켰다.

특히 사역자로 양육하는 사람에게는 그중에서도 가장 더럽고 힘든 일을 시켰다. 다른 지역에 가면 크리스천으로서 사람들을 섬기며 살아야 하기 때문이다. 지도자는 군림하는 사람이 아니라 섬기는 사람이라는 것을 똥 푸기를 통해 깨닫기 바랐다.

밤마다 교인들은 정화조 앞에서부터 대문까지 일렬로 서서 똥 푸기 작업을 했다. 나는 육중한 정화조 뚜껑을 열고 똥바가지를 넣어 똥을 푼 다음 묵직한 똥바가지를 조심조심 옆에 있는 교인에게 전달했다. 정화조 속에 든 똥은 모든 교인들의 손을 거친 다음 밖에 버려졌다.

"더러운 똥을 치우지 않으면 똥이 넘칩니다. 이처럼 우리도 우리 속에 있는 더러운 죄들을 깨끗이 치워야 합니다."

"아멘! 아멘!"

똥바가지로 똥을 퍼내듯이 자신 속에 있는 죄를 퍼내야 한다고 역설하면, 교인들은 '아멘'으로 화답했다. 똥을 치우는 이유는 깨끗해지기 위해서다. 매일 배출되는 똥이 이만큼이라면 매일 배출되는 죄는 또 얼마나 많을 것인가!

달밤에 똥 푸기는 무려 13년 동안 계속되었다. 그러다 한국의 다른 교회에서 지은 건물로 이사하게 되면서부터는 더 이상 똥을 푸지 않아도 되었다. 그동안 우리 중에서 가장 열심히 푼 사람은 사무엘이었다.

한국 사람들도 눈치 빠르기로는 지지 않을 것이다. 한국 사람들은 일을 많이 하기는 싫어하지만 그렇다고 적게 했다고 핀잔을 듣지 않을 정도로 눈치껏 일한다. 그러나 어떻게 보면 모리타니 사람들이 한국 사람들보다 한 수 위다. 그들은 눈치 없는 척하며 일하지 않는다. 하기 싫은 일을 앞에 두고는 무슨 일을 해야 하는지 모르겠다는 제스처를 한다. 그러니 일을 시킬 때는 한바탕 큰소리가 나고 닦달을 해야 한다. 오랜 식민지 생활이 그들에게 '일단 하지 말고 버텨 보자'는 품성을 키웠는지도 모른다.

사무엘의 미덕은 하나님이 주신 애초의 품성을 지켜 왔다는 것이다. 그는 식민지적 타성에 젖어 있지 않았다. 자신을 낮출 줄 아는 사람, 먼저 일을 찾아서 하는 사람이었다. 그는 내가 똥을 푸라고 하지 않아도 먼저 푼 유일한 모리타니 사람이다.

꼭 해야 하지만 다들 하기 싫어하는 일을 솔선하는 사람이야말로 리더다. 모두가 좋아하는 쪽으로 가면 아귀다툼이 기다리고 있다. 반면 모두가 더럽고 귀찮아서 피하는 일을 하다 보면 믿음을 얻게 된다. 이렇게 교회를 통해서 양육된 크리스천들은 미로 같은 내륙으로 들어갔다.

사기 치러 왔다가
하나님을 만나다

아프리카 사람들은 우리가 생각하는 것 이상으로 영악하다. 교회에 오는 사람들 중에는 사기꾼이 많다. 주님을 영접하러 오는 것이 아니라 돈이 있어 보이는 선교사에게 사기를 치기 위해서 오는 것이다. 설령 사기 행각을 들키더라도 선교사들은 경찰에 신고하지 않는다는 것쯤은 알고 있다. 죄인을 용서하라는 성경 말씀을 교묘하게 이용하는 것이다.

내전으로 혼란스러운 라이베리아 사람들 중에는 쇳덩어리를 금덩어리로 속이는 사기꾼이 많다. 그들은 커다란 구리덩어리를 도금해서 들고 온다. 모리타니 사람은 대부분 금을 본 적 없기 때문에 이런 사기에 잘 말려든다.

어느 날 우리 교회에도 사기꾼이 한 명 찾아왔다. 그는 교회에 다닐 것이라고 일장 연설을 한 뒤에 내게 비밀 이야기를 할 것이 있다고 했다.

"마마, 제가 지금 돈이 없습니다. 그러니까 금덩어리를 맡겨 두고 돈을 조금 빌리면 안 될까요? 돈은 얼마 후에 갚을게요."

그러면서 덧붙이는 말이 자신이 갖고 있는 금의 가치는 1만 달러 정도 되는데, 자신은 그 돈을 다 빌려 달라고 하지 않을 거라고 한다. 너무 배가 고프니 밥 먹을 돈 100달러만 빌려 달라고 했다. 금덩어리뿐 아니라 사파이어나 다이아몬드라고 하면서 갖고 오는 사람도 있었다.

"마담, 제가 오늘 물 흐르는 곳에서 이 다이아몬드를 주웠습니다. 지금 너무 배가 고파서 그러니 이걸 맡겨 놓고 10달러만 빌려 갈게요."

불행하게도 나를 찾아오는 사람 열 명 중 아홉 명은 이런 사기꾼이다. 나는 사기꾼들 중에서 왠지 오래 볼 것 같은 사람이 있으면 2달러를 준다. 점심을 사 먹으라는 뜻이다. 그러면 그는 밖에 나가서 자신의 무용담을 떠벌린다. 내가 오늘 마담을 속여 2달러를 뜯어냈는데, 다음에는 20달러를 뜯어내겠노라고 호언장담하면서 말이다.

우리 교인들이 그에게 "너 다음에 가면 죽었다!"라고 말하지만 그들은 20달러를 사기 칠 욕심에 다시 온다. 교인들이 "우리 미셔너리는 아프리카 사람을 보면 너는 기니, 너는 세네갈, 너는 시에라리온에서 왔다고 고향을 알아맞힐 정도로 지혜가 있다"라고 아무리 말해도 욕심에 눈이 먼 그들은 귓등으로 흘린다. 그들이 다시 올 걸 대비해서 나는 돌멩이 하나를 준비해 놓는다. 그들이 오면 나는 한 손에는 맡아 놓았던 금덩어리를 다른 한 손에는 돌멩이를 쥐고 묻는다.

"너는 이 금덩어리를 가질래? 아니면 돌멩이를 가질래?"

그들은 당연히 금덩어리를 갖겠노라고 대답한다.

"그래? 나는 이 돌멩이를 갖겠다. 왜냐하면 이 돌멩이가 더 정직하기 때문이지."

말이 떨어짐과 동시에 나는 갖고 있던 돌멩이로 그 자의 무릎을 내리친다. 내가 내리침과 동시에 주변에 있던 교인들이 그를 에워싼다. 그는 비명을 지르며 나에게 깜빡 속았다는 것을 깨닫는다.

"미셔너리, 이 금덩어리가 가짜라는 걸 알고 있었어요?"

"그래!"

"그런데도 왜 2달러를 줬어요?"

"금덩어리가 가짜인 것을 알면서 2달러를 준 이유는 한 번 더 나를 찾아오게 만들기 위해서지."

사기꾼을 정직한 사람으로 만들려면 교회에 오게 만들어야 한다. 한 번 속아 주어야 그들이 나를 만나러 올 것 아니겠는가! 그렇게 나에게 혼쭐이 나서 갔는데도 다음에 그가 다시 교회에 온다면 그는 하나님이 선택하신 백성이다.

교인들 중에는 이렇게 사기 치러 왔다가 하나님을 영접한 인물들이 많다. 우선은 오늘 점심으로 먹을 빵과 물 한 잔만 얻기 위해 크리스천 마담에게 사기 칠 생각을 했지만, 넘치는 영혼의 양식을 받고 나서부터는 완전히 다른 사람으로 변한다. 그들은 도금된 쇠 부스러기가 아닌 단단한 돌멩이 같은 사람으로 거듭 나서 하나님 앞에 다시 서는 것이다.

복수심을
감사로 이긴 폴리나

양심의 무게는 도대체 얼마나 될까? 어떤 연구에서 사람이 살았을 때와 죽었을 때 몸무게를 비교해 본 결과 그 차이는 28그램이라고 밝혔다. 그것을 양심의 무게라고 봐야 할까? 얼마나 되는지 모르지만 그 깃털처럼 가벼운 양심이 인간을 인간답게 살게 한다.

아프리카에 살다 보면 입이 걸어진다. 욕이 튀어나오려는 순간이 한두 번이 아니다. 그때마다 "주여!" 하고 마음을 추스르지만 흔히 말하는 '혈압 오르는' 상황이 벌어진다.

폴리나는 우리 교회의 찬양 인도자로, 그녀의 남편 데이비드는 전도사였다. 보통 영국 식민지였던 아프리카 나라들은 크리스천이 드물지 않지만 프랑스 식민지였던 나라에는 크리스천이 드물다. 데이비드는 프랑스 식민지였던 나이지리아 출신으로 유로바 종족이다. 나이지리아 사람으로 드물게 크리스천이 되었고, 아주 드물게 전도사가 되었다.

반면 폴리나는 가나 사람으로 고등학교를 졸업했다. 가나는 영국 식민지로 크리스천들이 꽤 있는 나라다. 이 부부가 모리타니에 왔을 때 데이비드는 전도사였다. 그러나 먹고살 방법이 없자 데이비드는 여느 아프리카 남편들처럼 폴리나를 창녀로 만들어 버렸다. 폴리나 는 저녁마다 낯선 남자들을 받았다. 데이비드는 폴리나가 몸을 파는 동안 문밖에서 기다리며 경찰이 오나 안 오나 망을 봤다. 둘은 가난 을 탈출하기 위해 인간이 해서는 안 되는 짓까지 하며 발버둥 쳤다. 폴리나는 어느 정도 돈을 모으자 데이비드를 스페인으로 밀항시켜 주었다. 간혹 브로커에게 돈만 떼이는 경우도 있는데, 다행히 데이비 드는 밀항에 성공했다.

데이비드는 마드리드 외곽 지역에 예배 처소를 마련했다. 이를 위 해 폴리나가 자신의 밀항을 위해 모아 놓은 돈까지 가지고 갔다. 데 이비드는 자신이 자리를 잡으면 폴리나를 스페인으로 부르겠노라고 약속했다. 그러나 데이비드는 폴리나와 연락을 끊고 다른 여자와 결 혼해 버렸다. 그 뒤에 데이비드는 폴리나에게는 연락하지 않지만 내 게는 연락을 해 왔다.

"네가 아무리 기도한들 하나님이 너의 기도를 들어주시겠니? 너 는 아내를 창녀로 만들고, 창녀의 돈을 가지고 가서 목사 행세를 하 고 있어. 그것도 모자라 다른 여자와 결혼하느라 아내를 버렸지. 네 가 당장 하나님께 회개하지 않으면 아무리 기도하고 설교해도 진정 한 목사가 될 수 없을뿐더러 진정한 크리스천도 될 수 없어. 하나님이 네 예배를 기뻐 받으시겠니?"

데이비드는 내가 아무리 야단을 쳐도 소용이 없었다. 폴리나뿐 아니라 가족들에게 끝내 연락하지 않았다. 양심에 화인 맞은 것처럼 뻔뻔한 사람들이 있는데 데이비드가 그러했다. 가끔 데이비드처럼 도저히 이해하기 어려울 정도로 뻔뻔한 사람을 만나면 선교사 신분을 잊어버리고 주먹이라도 날리고 싶다. 하나님은 그런 죄인을 위해서도 기도하는 마음을 가지라고 그런 류의 사람들을 나에게 보내 연단하시는 것이겠지만 말이다. 자매의 일처럼 폴리나의 고통은 곧 나의 고통이었다.

"폴리나, 데이비드는 너를 부르지 않을 것 같다. 데이비드는 잊어버리고 음식 장사를 해서 너도 스페인에 갈 수 있으면 가. 내가 도와줄게."

"미셔너리, 제가 잘할 수 있을까요?"

나는 먹고살 일이 막막한 폴리나에게 아프리카 레스토랑을 차리게 했다. 폴리나는 아프리카 음식을 잘해서 교인들에게 인기가 많았다. 레스토랑이라고 해야 화덕 하나 걸려 있는 양철집이지만 폴리나는 이곳을 통해 밥을 굶지 않게 되었음을 하나님께 감사하며 열심히 돈을 벌었다. 몇 년간 열심히 돈을 벌어서는 가나에 있던 아들을 유럽으로 밀항시켜 보내느라 또 빈털터리가 되었다. 하지만 아들은 데이비드와 달리 폴리나를 극진히 챙긴다. 자신도 농장에서 막일꾼으로 일하면서 집을 사라고 폴리나에게 100유로를 보내 주기도 했다.

　혼자 남겨진 폴리나는 여전히 하나님의 사람이다. 여러 어려움을 겪었지만 그녀는 늘 감사하며 살아간다. 감사하는 마음을 가지는 것은 폴리나가 하늘에서 받은 축복이다. 폴리나는 엄마가 돌아가신 뒤에도 하나님께 자신을 고아로 만들지 않아서 감사하다고 기도했다. 폴리나의 형제는 5남매로 언니 둘, 오빠 하나와 남동생 하나 그리고 폴리나가 있었다. 남편이 자신을 배신한 뒤에도 자녀들과 헤어지지 않은 것에 감사했다.

　하나님은 감사를 드리는 폴리나에게 복수심 대신 다시 일어날 수 있는 용기를 주셨다. 양심에 화인 맞은 사람들은 회개도 모를 뿐 아니라 감사도 모른다. 데이비드처럼 보다 나은 곳을 향해 간다고는 하지만 그 삶이 그에게 진정 보다 나은 삶인지는 모를 일이다. 반대로 폴리나처럼 감사하는 사람은 축복받을 준비가 되어 있는 사람이다. 교회에서 가장 먼저 공개적으로 부적을 뗀 사람도 폴리나였고, 그 믿음을 알기 때문에 그녀에게 찬양 인도자 자리를 맡긴 것이었다.

나는 폴리나를 볼 때마다 폴리나 가족이 머리에 떠오른다. 이들 중에서 가장 가난하고 힘없는 사람은 폴리나지만 하나님이 가장 축복하시는 사람도 폴리나가 아닐까 한다. 폴리나는 남편과 아들도 곁에 없지만 자신의 고향으로 돌아가지 않고 모리타니에 살기로 했다. 그 덕분에 나에게 새로운 가족이 하나 생겼다.

창녀에서 사업가로 성공한
만니만누라

아프리카 여자들의 일생은 대부분 기구하다. 그들은 자식에게든 남편에게든 어떤 상황에서든 최선을 다하는데 말이다. 심지어 나이지리아의 어떤 부족은 엄마가 아이를 낳아서 다 키우면 남편과 아이들이 작당해서 엄마를 창녀로 내보낸다. 이런 이야기를 들었을 때 나는 거짓말인 줄 알았다. 나이지리아에서 온 만니만누라를 만나기 전까지만 해도 말이다.

만니만누라는 2004년이 다 갈 무렵, 교회로 나왔다. 정확한 나이는 몰랐지만 50대 중반을 훌쩍 넘겼을 거라고 추정했다. 아프리카 여자들은 쉰만 되어도 일흔이 넘은 할머니 같다. 잘 못 먹는 데다 강한 햇빛이 그들을 실제보다 겉늙게 한다. 만니만누라는 나를 보자마자 울음부터 터뜨리며 자신을 위해서 기도해 달라고 했다.

"미셔너리, 저는 빨리 벗어나고 싶어요."

"어디서 말이에요?"

"이 생활에서요."

이 생활이란 바로 창녀 생활이었다. 이미 아들을 학교 졸업은 물론 결혼까지 시켜 놓고 창녀로 나서다니 나로서는 전혀 이해가 되지 않았다. 그 나이에도 창녀가 가능하다는 사실이 경악스럽기만 했다.

만니만누라는 1년 전 모리타니에 왔을 때부터 창녀 노릇을 했다고 한다. 다른 여자들처럼 나이지리아에서 이곳까지 오는 도중에 이미 창녀가 되었다.

창녀를 하려면 준비를 해야 한다. 창녀가 너무 많다 보니 그들도 살아남으려면 경쟁력이 있어야 하기 때문이다. 아프리카 사람들은 뚱뚱해야 미인 소리를 듣기 때문에 돼지 살찌우는 약을 시장에서 구해다 먹는다. 돼지가 이 약을 먹으면 갑자기 살이 찌는데, 사람도 이 약을 먹으면 돼지와 마찬가지로 하루가 다르게 살이 붙는다. 살이 여기저기 포동포동하게 찌면 돈 있는 마담처럼 풍만해 보인다. 이런 윤택해 보이는 겉모습을 얻기 위해서 창녀들은 시장에서 주기적으로 이 약을 사서 먹는다. 이 약은 호르몬을 교란시켜 몸을 망가뜨리는데도 말이다.

살을 찌우고 나면 그 다음으로는 피부를 희게 만든다. 흑인들은 검은 피부보다는 흰 피부를 더욱 좋아한다. 시장에 가면 미백 크림이라는 것을 파는데, 이 크림은 피부를 탈색시키는 약이다. 이 약을 발라도 주름진 부분은 희어지지 않아 더욱 흉해진다. 더구나 이 크림을 바르면 피부암에 쉽게 걸린다. 여자들은 창녀가 되기 위해서 기꺼이 이 두 가지 약부터 사는 어리석음을 범한다.

나는 만니만누라가 빨리 매춘을 그만둘 수 있도록 기도했다. 만니만누라는 다른 사람보다 더욱 아껴 써도 돈을 모으기가 어려웠다. 나이지리아 부족이 늙은 여자를 창녀로 만드는 이유는 단지 부양해야 하는 식구를 하나 덜기 위해서다. 늙은 창녀는 아무리 몸을 팔아도 입에 풀칠하기가 어렵다는 말이다.

만니만누라는 거의 3년 만에 100달러를 모았다. 만니만누라가 100달러를 모았다고 했을 때 나는 창녀를 그만두라고 했다. 성탄절이 얼마 남지 않은 시점이었다.

"이제는 생선을 팔아서 돈을 벌어요. 집세와 생활비 걱정은 안 해도 될 만큼은 벌 수 있을 거예요."

말린 생선을 다른 사람에게 줘서 내륙에 가서 팔게 하면 일곱 배 정도의 마진이 남지만, 그만큼 원금 회수가 늦다. 그보다는 여기서 만니만누라가 생선을 조금씩 사서 말린 다음 직접 근처 마을로 팔러 다니라고 한 것이다. 겨우 푼돈 정도 벌게 될지 모르지만 그날그날 돈을 만지는 장점이 있다.

다른 사람이 매춘을 해서 200달러 모으는 시간에 100달러를 겨우 모은 만니만누라였지만, 생선 장사는 억척스럽게 잘했다. 그 덕분에 곧 2만 달러어치씩 생선을 사는 거상이 되었다. 만니만누라는 컨테이너를 하나 사서 거기다 말린 생선을 잔뜩 싣고 내륙으로 가서 팔고 온다.

144

"저는 정말로 하나님의 축복을 온전히 받았다고 생각해요. 제가 교회에 나오지 않았다면 저는 지금쯤 죽었거나 아직도 창녀였겠죠."

"맞아요. 당신이 지금 행복하게 사는 것도 하나님께서 당신을 축복하셨기 때문이죠."

그녀는 자신을 창녀로 판 남편과 아들 모두를 용서했다. 나로서는 도저히 받아들여지지 않는 일이었지만, 하나님은 만니만누라에게 또 한 번의 은사를 베푸셨던 모양이다.

만니만누라는 한 번씩 고향에 들러서 가족들에게 돈을 나눠 주고 온다. 올 때마다 눈물 바람이 되어서 오지만 서러워서 흘리는 눈물이 아니라 기쁨의 눈물이다. 다시는 밟을 수 없을 줄 알았던 고향 땅을 밟게 되어 기쁘고, 무엇보다 고향 사람 모두가 환영하는 사람이 된 것이 감사해서 흘리는 눈물이다. 크리스마스가 다가오면 만니만누라는 어디에 있든 주님 앞으로 나온다. 자신에게 새 삶을 주신 주님 앞으로.

아프리카 흑마술
저주의 영과 맞서다

그날은 심방을 가는 날이 아니었다. 그런데 갑자기 이상하게 아가다의 집에 가야겠다는 마음이 들어 교인들을 앞세워 아가다를 찾아갔다. 내가 도착했을 때 아가다는 쓰러져서 숨을 헐떡거리고 있었다. 순간적으로 머릿속에서 '귀신 씐 것이구나' 하는 생각이 퍼뜩 들었다. 기도를 하고 "예수의 이름으로 물러가라!" 하고는 등을 탁 때리니 정신을 차렸다.

대부분의 교인들은 아가다처럼 교회에 다니면서도 부적을 갖고 다니거나 주술을 믿었다. 처음에는 습관적으로 가지고 다니고, 나중에는 겁이 나서 버리지 못한다. 그러다 하나님의 은사를 받으면서 차츰 부적을 버린다.

"아가다, 부적 가지고 있지?"

"네, 미셔너리. 그동안 저주가 들어오는 게 느껴져서 부적을 버리지 못했어요."

146

아가다는 고향인 가나를 떠날 때 주주(무당)에게 가서 자신의 영혼을 팔고 부적을 받아 왔다. 그 부적을 가지고 있으면 유럽으로 갈 수 있다는 것이다. 그 부적 때문에 아가다는 매일 새벽 기도를 드리고 집에 가서는 키우던 비둘기의 목을 쳐서 자기 이불 위에 그 피를 뿌리며 희생제를 지내곤 했다.

그러던 어느 날 아가다에게 저주가 날아온 것은, 한 친구가 그녀와 다툰 뒤 주주에게 연락해 아가다에게 저주를 보내라고 했기 때문이다. 아가다는 주주의 저주가 날아올 때마다 피하려고 희생제를 드리는 등 갖은 애를 썼다는 것이다.

아프리카 흑마술은 단순히 미신으로 치부하기에는 영향력이 크다. 그들은 입을 모아 "주주의 저주가 오는 게 느껴진다"고 말한다. 심지어 주술 때문에 죽는 사람도 있다. 게다가 아프리카 사람들이 저주를 잘 거는 건 그들도 안다. 오늘 누군가가 나한테 해를 끼치면 해를 끼친 사람의 영혼을 가지고 있는 주주를 찾아내어 돈을 주고 저주를 건다.

"아가다, 우리에겐 예수의 이름밖에 없어. 예수님께 네 모든 것을 맡기고, 오늘부터는 더러운 우상들은 다 불태워. 그 길만이 네가 살 길이다. 봐, 아까 저주 때문에 다 죽어 가던 네가 예수님께 기도하니까 저주가 사라진 거. 예수님이 너를 지켜 주실 거야."

"네, 미셔너리."

그러자 아가다는 집안 구석구석에서 주섬주섬 부적을 꺼내기 시작했다. 다양한 모양을 한 부적들이 수십 개나 쏟아져 나왔다. 나는 그 부적들을 몽땅 가위로 자르고 불태워 버렸다.

교인들이 나에게 끝까지 비밀로 하는 것이 있는데, 그것은 바로 자신이 믿고 있는 우상이다. 남편이 자신을 학대하거나 바람을 피웠다는 등 남편의 치부나 창녀가 되어 몸을 팔았다는 자신의 치부는 다 드러내면서도 말이다. 이 점만 봐도 우상숭배라는 죄의 뿌리가 얼마나 깊은지 알 수 있을 것이다.

아프리카 사람들은 여자나 남자나 머리끝부터 발끝까지 부적을 지니고 다닌다. 여자들은 구슬 허리띠를 하고 다니는데, 그게 바로 부적이다. 남자들은 오른쪽 팔뚝에 문신을 하거나 구슬팔찌 같은 걸

차고 다니는데, 그 안에 부적이 들어 있다. 아프리카의 거의 모든 부모들이 자식들에게 부적을 주어 남자들은 주로 어깨에, 여자들은 아랫배에 착용하게 한다. 간혹 반지 속에 부적을 숨겨 놓는 경우도 있다. 교회에 처음 나오는 사람들은 부적을 몸에 지닌 채 그대로 온다. 교회를 오래 다닌 교인들도 부적이 워낙 일상적인 것이다 보니 떼고 와야 한다는 생각 자체를 못하는 경우도 있다.

안수기도를 할 때 이상하게 기도가 막히면서 무엇인가 '탁!' 하고 부딪치는 듯한 느낌이 들 때가 있었다. 아프리카 문화에 대해서 모를 때는 그게 무엇인지 짐작도 할 수 없었다. 기도가 가로막히는 느낌이 든 건 바로 그 부적 때문이었다.

그러나 나는 부적을 빼앗아 가위로 잘라 버리거나 불태워 버리지 않았다. 부적이 망가지면 다른 사람들이 또 부적을 주기 때문이다. 부적을 안 차려면 스스로 거부하는 수밖에 없다. 부적을 떼는 힘은 말씀에 있다. 새벽마다 성경을 읽으면 어느새 자신이 우상을 섬기고 있었다는 사실을 깨닫고 부끄러움을 느끼게 된다. 그러면 나에게 와서 부적을 떼어 달라고 하는데 나는 그제야 심방을 가서 집안 곳곳에 있는 부적을 떼어 낸다. 교인들에게서 이 부적을 떼는 데만 5년이란 시간이 걸렸다. 부적을 떼고 난 교인들은 그제야 보이지 않는 걸 믿는 믿음이 보이는 걸 믿는 것보다 강하다는 것을 체험한다.

열네 명의 자녀를
데리고 나온 하와

아프리카에서는 어머니의 힘이 강하다. 아이들을 건사하고 책임지는 사람은 엄마들이다. 아이들을 낳기만 하고 흙바닥에 던져 놓는 것 같지만 그렇지 않다.

가족 중에서 한 명, 그것도 어머니만 전도하면 고구마 덩굴이 뽑혀 나오듯이 나머지 가족들이 다 교회에 나온다. 원래 모리타니의 주인인 소니케 종족의 엄마를 한 사람 전도하면 얼마 지나지 않아 곧 열 명쯤 되는 나머지 가족이 교회에 의자를 이고 온다. 모로 종족은 어떨까? 모로족은 유목민족으로 다른 종족보다 이슬람에 대한 믿음이 강한 종족이다. 만약에 모로 종족의 남자, 가장이 교회에 온다면 그는 그 사회에서 추방될 것을 각오하고 온 사람이다. 낯선 곳에 가서 정착할 각오로 교회에 오는 것이다. 아프리카에서는 교회에 오는 것이 결코 쉬운 일이 아니다. 때로는 목숨을 걸 정도로 위험한 일인데, 그럼에도 온다는 건 성령님이 그만큼 강력하게 역사하신다는 뜻이다.

하와는 모로 종족의 여자로 아이가 열네 명이나 있었다. 아프리카 사람들은 보통 자녀를 일곱 명에서 열 명을 낳는데 그보다 훨씬 많이 낳은 것이다. 당연히 살림은 숟가락과 누더기뿐이었다. 하와도 시장 사람들이 전하는 복음을 들은 모양이다. 어디나 마찬가지겠지만 선택받은 자에게는 어디서든 복음이 들리기 마련이다.

주님은 하와의 가정에 조용히 찾아오셨다. 하와가 나오고 그 다음 주부터 바로 열네 명이나 되는 아이들이 모두 나왔으니! 더욱 놀라운 것은 그렇게 하는데도 모슬렘인 하와의 남편이 가만히 있었다는 것이다. 보통 여자가 남편의 말을 안 듣고 교회에 간다고 하면 동네가 시끌시끌하게 몇 번씩 두들겨 맞는데 그런 일도 없었다. 심지어 주일에 교회 간다고 하면 남편이 교회까지 하와와 아이들을 태워다 주기까지 했다. 교회에서 싱글싱글 웃고 있는 하와네 가족을 볼 때마다 하나님이 그녀의 가정을 축복하셨다는 생각이 절로 들었다.

하와의 남편은 "오늘은 무슨 설교 들었는데?"라며 묻기까지 한다고 했다. 교회에 나오지는 않았지만 설교 내용을 궁금해하고 늘 하와의 말을 귀 기울여 들었다. 남편은 반쪽짜리 크리스천이 되어 있었다. 나머지 반쪽을 어떻게 채워 주실까 궁금해하고 있었는데, 남편의 기척이 갑자기 사라졌다. 아파서 거동을 못한다는 소식이 들리더니 내가 미처 심방을 가기도 전에 죽었다. 내일을 기다려 주지 않는 아프리카 사람들처럼 그도 총총히 떠나갔다. '조금 더 빨리 그의 집에 찾아갔어야 했는데' 하는 후회가 밀려왔다.

그가 떠나고 나자 혹시 그가 아내와 아이들을 하나님께 맡긴 것은 아닐까 하는 생각이 들었다. 하와의 아이들 중에는 지금도 성적표만 받으면 자랑하기 위해서 센터로 달려오는 아이가 있다. 성적 우수자로 교회에서 주는 학비와 장학금을 받고 있다. 또 결혼한 아이도 있고, 제 밥벌이를 하러 나간 아이도 있다. 그 아이들도 또 자신의 아이를 데리고 교회로 온다. 하와는 어만두를 만들어서 부두를 돌아다니며 팔고 있다. 가장이 없더라도 집안에 빈자리 없이 꽉 채워져 있는 것이다. 하와 남편의 죽기 전 소망이 바로 이런 것 아니었나 하는 생각이 든다.

트럭을 타고 오는 천사

세상을 이어 주는 것은 사랑이다. 전혀 만난 적 없는 낯선 사람들이 모리타니에 한 번 왔다 가면 친구가 되고, 천사가 된다. 삶에는 얼마나 많은 기적의 순간이 있는지 모르겠다. 그들은 우리 교회를 NGO의 오아시스라고 부른다. 그들은 대부분 지구촌 곳곳에서 "모리타니의 그 교회 마담은 믿을 수 있다"는 소문을 듣고 나를 찾아온 사람들이다.

NGO 중에는 알카에다에 납치되어 풀려나지 못한 사람도 있다. 스페인의 한 시장 부인이 2011년에 NGO 활동차 모리타니에 왔다가 수도로 가는 길에서 일행과 함께 납치되었다. 납치된 네 명은 몇 달 뒤에 풀려났지만 시장 부인은 풀려나지 못했다. 이처럼 예상치 못한 위험 요소들이 도처에 널려 있기 때문에 사명감 없이는 모리타니에 올 수 없다. 하지만 오히려 그렇기 때문에 그들이 한 번 왔다 갈 때마다 말로 다 표현할 수 없는 풍성한 간증들을 나누게 된다.

스페인에서 오는 천사 중에는 알렉스와 메리번이 있다. 목사인 알렉스와 고등학교 영어 선생님인 메리번은 2002년부터 'SOS'라는 구호단체를 만들어 NGO 활동을 하고 있다. 회원이라고는 단 두 사람밖에 없는 미니 NGO다. 이들은 후원을 받지 않고 자비량으로 SOS를 꾸려 간다.

알렉스는 개조한 중고 트럭을 몰고 도시를 출발해 올리브나무가 펼쳐진 들판, 채소밭, 바닷가를 지나 북아프리카의 사막으로 온다. 오가는 데만 며칠이 걸리는 긴 여정이다. 그들은 1년 동안 번 돈을 누아디부에 오는 기름 값으로 다 쓴다 해도 과언이 아니다. 그들이 트럭에 싣고 오는 것은 마드리드 구석구석의 병원에서 모은 휠체어와 헌 옷, 생필품 등이다. 알렉스는 휠체어를 스무 개가량 모으면 내게 "친구가 곧 방문하겠습니다!"라고 연락을 해 온다. 알렉스가 갖고 오는 고물 휠체어도 이곳에서는 폭스바겐이나 도요타 자동차만큼이나 요긴하다. 알렉스는 그것들을 수리해서 필요한 사람들에게 무상으로 나눠 준다. 만약에 쓰다가 고장 나면 누아디부에 있는 자전거 수리상이 솜씨를 발휘해서 다시 쓸 수 있도록 고쳐 준다. 알렉스 덕분에 모리타니에 휠체어 수리상이라는 신종 직업이 생겨나기도 했다.

아프리카에서는 휠체어가 자전거만큼이나 필요하다. 모리타니뿐 아니라 아프리카 사람들은 소아마비 같은 각종 질병에 노출되어 있다 보니 앉은뱅이가 많다. 또한 영양이 부족해 고관절에 문제가 생긴 사람들도 많고, 뇌병변 같은 중증장애로 움직이지 못하는 사람도 많다. 이처럼 수백 가지의 이유로 거동이 불편한 사람들은 창문 하나 없는 캄캄한 방에서 죄수처럼 갇혀 있다 보니 사막에 살면서도 햇빛이 결핍되어 엎친 데 덮친 격으로 구루병에 시달리기도 한다. 휠체어는 이들을 햇빛 속으로 나오게 하는 고마운 물건이다.

"웰컴!" 아이들이 알렉스와 메리번에게 꽃다발을 걸어 주는 순간 그들은 감동의 눈물부터 쏟는다. 우리 아이들은 천사는 낡은 청바지를 입고 트럭을 타고 온다고 믿는다. 또한 알렉스와 메리번은 가난과 육신의 병에 시달리지만 티 없이 맑은 아이들을 보면서 천사를 본다. 그들이 묵는 20일 동안 아이들과 장애인들은 특별한 외출을 한다. 트럭의 짐칸은 휠체어를 타고 바다로 소풍 가는 사람들로 꽉 채워진다.

매년 2월에는 미국에서 드보라를 포함한 네 명의 의사 천사들이 찾아온다. 그들은 열흘에서 보름 정도 묵으면서 내과, 외과, 간단한 치과까지 종합병원식 진료를 해 준다. 이곳 사람들이 많이 시달리는 질병 중에는 생활에서 얻은 병도 많다. 아이들의 치아는 우식되어 뿌리만 남아 있는데, '아따이'라는 중국 민트를 넣은 지나치게 단 차를 늘 먹기 때문이다. 조그만 주전자에 아따이와 설탕 다섯 스푼을 넣고 끓인 차를 마시면 카페인과 고농도의 설탕 때문에 순간적으로 머리가 아주 맑아진다. 이 차를 주전자 바닥이 드러날 때까지 마시다 보니 어린아이들도 카페인 중독으로 비틀거린다.

문제는 이가 아파도 치료받을 데가 없다는 것이다. 시내에 모로코 사람이 하는 치과가 있긴 하지만 아프리카의 여느 치과와 마찬가지로 작은 매트리스를 놓고, 환자를 드러눕혀 펜치로 이를 빼는 게 치료의 전부다.

이곳에 오는 천사들은 자신들의 휴가를 모두 아이들을 위해 헌납한다. 비행기 삯과 약품, 선물까지 모두 한 푼 두 푼 모은 돈으로 마련한다. 그들의 1년 치 생활 전부가 누아디부 봉사 스케줄에 맞춰진다 해도 과언이 아니다. 나도 그들을 보면 고단한 당나귀 같은 일꾼에게 주님이 보낸 '천사'가 아닐까 하는 마음에 왈칵 눈물이 날 때가 있다.

아이들에게 이들의 존재는 주님의 나라가 아름다운 곳이라는 믿음, 자신을 위해 먼 곳에서 달려오는 천사가 있다는 믿음을 가지게 한다. 알지도 못하고 본 적도 없는 지구 반대편에서도 사람들이 찾아오는데 눈에 보이는 하늘에는 당연히 하나님이 계실 것이라고 믿는 것이다. 육신에는 날개가 없지만 영혼에는 날개가 있는 사람들로 인해 기쁨을 얻는 세상이 하늘나라 아니면 어디에 있겠는가.

나눔의 방식

    2000년대 초반 스페인 바르셀로나에서 열린 세계 NGO들의 회의에서 가장 큰 안건은 '어떻게 하면 아프리카에서 정말 필요한 사람들에게 원조할 수 있을까'였다. 아프리카는 NGO들의 무덤이라 불리는 곳이다. 특히 모리타니는 '관료들의 배만 불려 줄 뿐이다'라는 말이 나올 정도였다. 아프리카의 현지 NGO 중에는 도리어 자기들이 원조를 요구하기도 하고 구호품으로 들어온 것들을 시장에서 버젓이 팔아먹는다. 자기들을 도와주러 오는 것인데도, 공무원들은 이런저런 명분으로 그들에게 커미션을 떼먹는다. 이렇게 해외 NGO들이 믿고 함께 일할 만한 아프리카 현지인이 없는 것도 NGO 사업이 '밑 빠진 독에 물 붓기'로 전락하는 이유 중 하나였다.

    이곳의 이런 생리를 잘 알고 있던 모리타니 누아디부의 사회국장은 어느 날 희한한 명령을 내렸다.

    "마담이 일을 하면 하는 대로 두며, 교회와 센터에는 경찰관이 들

락거리지 마라! 만약에 들락거리면 가만두지 않겠다!"

이런 명령의 효과인지 그 이후로 우리 교회는 공권력 불가침 영역이 되었고, 각국에서 오는 NGO들의 오아시스가 되었다. NGO들이 모리타니에서 사업을 벌일 때는 으레 나를 찾아가 의논하는 것이 관행이 되었다.

"모리타니에서 사업을 할 때는 누아디부의 미셔너리를 찾아가라. 미셔너리는 정직해서 무엇이든 맡겨도 된다."

그 덕분에 나는 비록 가진 것이라고는 없지만 늘 풍성함을 누리는 축복을 받게 되었다. 무엇보다 하나님은 정직한 사람들을 주변에 모아 합력해서 선을 이루게 하셨다. 누아디부의 사회국장도 공식적으로 들어오는 보조품은 반드시 나의 인솔하에 분배하도록 지시를 내렸다. 그 정도 위치에 있으면 얼마든지 검은 거래를 할 수 있는데도 말이다. 그는 진정으로 국민들을 위하는 공직자였다.

나의 일처리 방식은 성격 급한 한국인의 특징을 여과 없이 드러낸다. '현지인에 의해, 그 자리에서 즉시, 다들 보는 데서, 그들 손에 직접 쥐어 주며, 남김없이 분배하라'다. 200달러를 보조받았다면 비가 오더라도 당장 시장에 가서 쌀을 사다 2킬로그램씩 저울에 단 다음 모두에게 나눠 주는 식이다. 쌀을 사러 가는 사람도, 쌀을 사 와서 저울에 다는 사람도, 봉투에 담아 나눠 주는 사람도 모두 교회에 있는 현지인 사역자들이다. 쌀을 시장에서 사는 순간, 이미 소문이 나서 누아디부 사람들이 우리가 어떤 일을 하는지 다 알아 버린다. 이렇게 즉시 처리하면 '쌀값이 싼 시기를 기다리느라 쌀을 아직 안 샀어요' 따위의 오해를 살 만한 변명을 할 필요가 없다.

휠체어를 보조받았으면, 거동이 불편한 장애인들의 집을 방문해서 그들을 데리고 나온 다음 공공장소에서 휠체어를 기증한다. 그러고 나서 다시 차에 태워 집으로 보낸다. 그러면 깡패나 관료들이 뺏어 가고 싶어도 뺏어 갈 수가 없다. 누구에게 휠체어를 줬는지 누아디부 사람이라면 모두가 알기 때문이다.

또한 낯선 사람이 아닌 자신의 이웃에게 도움을 받다 보니 '원조'라기 보다 '나눔'이라는 느낌을 받는다. 외국인에게 동정받았다는 마음이 전혀 들지 않는다. 서로 자존심을 다치지 않을 뿐 아니라 나눔의 의미에 대해서 배우게 된다.

일하는 사람들에게는 내 사비로 샐러드와 빵, 닭다리 하나가 전부인 2달러짜리 점심을 사 준다. 이 단출한 만찬은 더없이 감동적이다. 그들이 나눔을 통해 자신보다 더 가난한 사람을 돌보는 기쁨을 알게 되었기 때문이다. "미셔너리, 나도 가난한데 왜 나에게는 쌀을 안 줍니까?"라고 원망할 만도 한데, 내 앞에서뿐 아니라 뒤돌아서서도 하지 않는다.

정직하다는 평판 덕분에 나는 몇 년 전에 누아디부 시에서 임명장을 받아 공무원에 준하는 지위를 얻었다. 이제 더 이상 그들은 내가 크리스천이라는 사실에 개의치 않는다. 크리스천 말고는 나누는 일을 할 사람이 없다는 인식이 생긴 덕분에 교회에 대한 박해도 없어졌다.

그러나 나는 모리타니 사람들에게 물질을 나누는 NGO가 아닌 말씀을 전하는 선교사임을 늘 주지시킨다. 몇 해 전에 캐나다 정부에 속해 있는 NGO에게서 프로젝트를 만들어 실행하면 1만 달러를 후원하겠다는 제의를 받았다.

"당신들이 직접 이곳에 와서 1만 달러에 해당하는 프로젝트를 만들면 내가 기꺼이 지원해 주겠습니다. 저는 NGO가 아니라 선교사입니다."

어떤 일을 하든 나의 궁극적인 목적은 하나님의 말씀을 전하는 것이지 단지 사람들을 돕는 것이 아니다. NGO를 위한 오아시스가 필요하기에 하나님이 대신 나를 쓰시는 것일 뿐이니!

Part 5.
하나님,
이들을 보고
계시죠?

사하라사막 속의
아이들

처음 모리타니에 왔을 때부터 나는 한 달에 한 번씩 내륙에 들어간다. 아무리 힘들어도 내륙에 들어가겠노라고 주님께 약속했기 때문이다. 내륙이란 바로 사하라사막으로, 끝없는 모래 언덕으로 이어진 광활한 미개척지다. 이 전도 여행은 왕복 3,200킬로미터의 긴 여정으로 한번 들어갔다 나오는 데 일주일쯤 걸린다. 오아시스 주변으로 대추야자 몇 그루가 서 있는 것이 풍경의 전부인 사하라 내륙에도 사람이 산다. 한 동네에는 보통 열대여섯 가구가 사는데, 학교에 다니는 연령대의 아이들은 한 마을에 열여덟 명쯤 된다. 사하라 내륙에도 스무 개의 마을이 있고, 교실 두 칸이 전부인 학교가 있다.

이들은 양이나 염소를 키우며 사는 유목민들로 모리타니에서 가장 가난한 사람들이다. 성경이 기록될 때부터 사막에서 유목을 한 사람들이다. 이곳의 나무들은 메마름을 견디기 위해 잎을 가시로 만들어 버렸다. 사막의 아카시아는 잎이 모두 가시인데, 양들은 바로 이 가시잎만 먹고 산다. 양을 잡아 보면 창자가 새까맣게 말라 있다. 그러다 보니 싱싱한 풀이나 채소를 주어도 먹을 줄을 모른다. 사정은 사람들도 비슷하다.

언젠가 아이들에게 나눠 주기 위해서 달걀 서른 개를 삶아 간 적이 있었다. 첫 마을에 들르자마자 나는 신이 나서 귀한 선물이라도 주는 양 아이들에게 몇 개씩 나눠 주었다. 그런데 아이들은 달걀을 보더니 '이게 뭐지?' 하는 표정으로 물끄러미 바라보더니 다시 나를 쳐다봤다. 이 동그란 물건이 무엇인지 대답해 달라는 뜻이었다. 껍질을 까서 먹는 시늉을 하자 그때서야 그들도 호기심에 가득 찬 표정으로 껍질을 까서는 먹었다. 웬만한 악조건 속에서도 생존할 수 있다는 닭조차 이곳에는 없다 보니 아이들은 달걀 구경도 못 해 본 것이다. 아이스크림이나 무스 케이크나 과일 케이크를 준다면 아마도 눈이 휘둥그레질 것이다.

이곳 아이들은 멀리 있는 학교까지 갈 엄두를 못 내고 하루 종일 집에 갇혀 지낸다. 낮에 집 밖으로 나왔다가는 아무리 유목민이라고 해도 60도나 되는 지열을 견디지 못할 것이다. 아이들은 제대로 공부를 못한 탓에 초등학교 5학년인데도 알파벳을 모른다. 종이가 귀하다 보니 읽을 책도 없고, 공책은 아예 가질 엄두를 못 낸다. 아이들은 서늘해진 뒤에야 집 밖으로 나와 오아시스 주변을 돌아다닌다. 1년 내내 보는 것은 바로 그 오아시스 주변 풍경이 전부다. 집 밖에 나와 봐야 갈 데라고는 대추야자 나무 아래 그늘밖에는 없다.

이 뜨거운 사막에서 대추야자 이파리 덕분에 그나마 서늘한 바람을 느낄 수 있다. 그래서 대추야자를 볼 때마다 "감사합니다"라는 말이 절로 나온다. 이곳에 잎이 넓은 대추야자가 없었다면 어땠을까? 게다가 대추야자 열매는 세상에 이보다 더 맛있는 것이 있을까 싶을 정도로 달콤한 데다 배고픈 이들이게 좋은 요깃거리다. 어른들은 아이들에게 대추야자 열매는 하루에 일곱 개만 따 먹으라고 당부한다. 다 따 먹고 나면 이 사막에서 먹을 거라곤 없기 때문이다.

이런 곳에 사는 아이들에게는 누군가 낯선 손님이 자신들을 만나러 온다는 것 자체가 빅뉴스다. 옆 마을 사람들까지 와서 반겨 줄 뿐 아니라 잠자리도 선뜻 내준다. 나는 사막에 가면 야자수를 잘라 만든 평상 위에서 별을 보며 잔다. 하루 먹을 끼니도 없지만 그들은 나를 자신들의 저녁 만찬에 초대한다. 만찬이라고 해 봐야 쌀밥 한 주먹이 고작이지만 말이다. 아프리카도 빠르게 변하고 있는데 10년, 20년이 지나도 변하지 않는 곳이 있다면 바로 사막이다. 15~16년 전에 처음 사막에 들어왔을 때와 달라진 것이 전혀 없다.

사하라 내륙에 들어가면 시간이 멈춰진 것처럼 느껴진다. 손으로 밥을 먹기 때문에 회충 같은 기생충 감염이 많은데도 숟가락이 없어서 여전히 손으로 밥을 먹고 있고, 수도나 우물이 없어서 고여 있는 웅덩이 물을 마신다. 기생충 알이 떠 있는 석회질 물을 낙타가 마시고, 아이들과 마을 사람들과 내가 같이 마신다. 이곳에서는 물이 없기 때문에 짐승이 먹을 물과 사람이 먹을 물을 구분하지 않는다. 이 모든 것이 처음 갔을 때 그대로다.

내가 언제쯤 그 마을들에 간다는 소식이 전해지면 아이고 어른이고 할 것 없이 야자수 그늘 아래 옹기종기 모여 앉아 하염없이 나를 기다리고 있다. 도시에 닳고 닳은 사람들을 보다 이곳 사람들을 보면 한없이 주고 싶어진다. 하나님 마음도 그러할 것이다. 그들에게 내가 줄 수 있는 건 분유와 설탕, 그리고 쌀, 건빵 조금이 전부인데 그것을 받고도 그들은 충분히 행복해한다.

'버터와 설탕을 듬뿍 넣은 맛있는 유럽 빵을 꼭 한번 사 가게 해 주세요.'

나는 늘 이런 기도를 하지만, 하나님이 아직껏 들어주시지 않았다. 딱딱한 건빵을 몇 포대 살 때마다 유럽 빵 생각이 머릿속에서 간절하지만 상할까 봐 갖고 갈 수 없으니 어쩔 수가 없다. 채소를 못 먹어 변비가 심한 이곳 사람들을 위해 신선한 우유를 갖고 가고 싶지만 역시 갖고 갈 방법이 없다. 한국에서 본 대형 제과점의 커다란 빵 트럭이 사하라에 가서 빵을 내려놓는 꿈은 꿀 수 없는 걸까?

내가 간 날은 작은 축제날이다. 갖고 간 분유에 쌀을 비벼 싸라기처럼 만들어 찐 다음 고기와 함께 먹는 꾸스꾸스를 해 먹는 날이기 때문이다. 이 단출한 음식은 특별한 날에나 먹는 별미다.

그리고 그날부터 사막에서는 학교가 열린다. 아이들 열 명 중 네 명은 '하메드(모하메드)'란 이름을 가지고 있고, 열 명에 두 명쯤은 '시디'다. 나머지는 '브라힘' 아니면 '무사(모세)'다. 아무나 잡고 "하메드!"라고 부르면 대부분 맞다. 대추야자 아래 모랫바닥이 교실이 된다. 열서너 살이 되도록 ABCD(프랑스어로는 '아베세데'라고 읽는다)도 모르는 아이들에게 모래 위에 글씨를 쓰게 하고, 숫자를 익히게 해서 산수도 가르쳐 준다. 같이 축구도 하고 태권도도 하고, 무엇보다 함께 찬송을 부른다. 아이들의 낭랑한 찬송 소리가 사막의 오아시스처럼 흘러넘친다.

"마마, 언제 또 올 거예요?"

"다음 달에. 다음에는 공책과 볼펜을 사다 줄게."

다른 마을로 이동할 때가 되면 아이들은 크나 작으나 강아지처럼 졸래졸래 따라다니며 언제 또 올 거냐고 묻는다. 이 오래된 질문과 약속은 그들의 어머니와 아버지도 했던 것이다. 20년째 되풀이되다 보니 어느덧 대를 이어 하는 질문이 되었다.

주님의 진짜 선물

누아디부에 있는 교도소는 문만 두드리면 내게 문을 열어 준다. 원칙은 판사에게 교도소 방문 허락서를 받아야 하는데도 말이다. 그건 내가 18년 동안 죄수들을 변화시켰기 때문에 얻은 보너스다.

누아디부의 교도소에 비교하면 한국의 교도소는 그야말로 호텔이다. 모리타니의 교도소에는 작은 방에 열일곱 명에서 스무 명의 죄수들이 빽빽이 수감되어 있다. 공간이 좁다 보니 누군가는 앉아 있을 수 있지만, 누군가는 계속 서 있어야 한다. 몸이 약한 사람들은 감옥에서 쉽게 죽는다. 지금은 환경이 예전에 비해 나아졌다고는 하지만 여전히 좁고 더러운 곳에서 배고픈 생활을 해야 한다. 작년 크리스마스에 그들을 찾아갔을 때는 220명이 수감되어 있었다. 보통 130~140명이 수감되어 있는데, 3분의 2가 는 것이다.

모하메드의 생일인 이슬람 명절에는 도시가 떠나갈 듯 시끄럽지만 죄인들에게는 아무도 찾아가지 않는다. 하지만 병든 자와 죄인들을 위해 복음의 선물을 들고 오신 예수님처럼, 나는 18년째 크리스마스와 부활절마다 선물을 들고 교도소에 찾아간다.

나는 이 죄인들을 위해 크리스마스가 지나면 부활절 선물을 사려고 돈을 모으고, 부활절이 지나가면 그때부터 크리스마스를 선물을 사려고 돈을 모은다. 그들을 위해 나는 없는 살림을 아끼고 아껴 선물을 준비하는 셈이다. 물에 바로 타 먹을 수 있도록 분유, 옥수수 가루, 설탕을 한데 섞어 1킬로그램씩 봉투에 담아서 나눠 준다. 그지없이 단출한 선물이지만 그들에게는 특별한 영양식이다.

처음에 나는 이 가루를 섞지 않고 따로따로 싸서 주었다. 그랬더니 바로 간수가 뺏어서 시장에 내다 판 것이다. 선물로 준 분유와 옥수수 가루, 설탕이 다시 시장에 나오는 데는 딱 두 시간이 걸렸다. 옥수수 가루 1킬로그램짜리는 시장에서 다시 팔렸는데, 간수가 빼돌린 다음 상인에게 전화를 하면 바로 와서 반값에 사 간다고 한다. 그 다음부터는 만찬을 간수들이 뺏어 가지 못하게 아예 섞어 주었다. 좋은 날, 좋은 일을 하면서 누구도 죄짓지 않고 모두가 기쁘게 나누기 위해서 짜낸 아이디어다.

때로는 최고로 좋은 것을 선물하고 싶은 마음에 오렌지나 사과 같은 과일, 사탕과 비스킷, 음료수도 넣는다. 이런 것들은 그들이 1년에 한 번도 먹을 수 없는 것들이다. 더불어 비누와 치약도 넣는다. 물론 하나도 다시 팔아먹을 수 없게 포장지를 다 벗겨서!

선물을 줄 때는 교도소장에게 특별히 부탁해서 죄수들이 밖으로 나와 줄을 서게 한다. 하나님의 선물인 햇빛을 조금이라도 쐬게 하기 위해서다. 남자 죄수들은 햇빛도 안 들어오는 방 안에 갇혀 있는 바람에 비타민D 부족으로 구루병에 걸리는 사람이 많다. 여자 죄수들은 감옥에 햇빛이 들 뿐 아니라 때로 교도소 마당에 나와 거닐기도 한다. 죄수들은 선물을 받는 것이 좋기도 하지만, 쇠창살 밖으로 나오는 게 더 좋아서 길게 줄을 선 채 마냥 해바라기처럼 햇빛을 쐬고 있다.

한방에 수감되어 있던 사람들이 차례로 줄을 서서 내 앞에 오면 "오늘이 여러분을 위해서 예수님이 이 땅에 오신 날입니다"라고 말한다. 그러면 그들은 선물을 주신 예수님께 감사하다고 말한다. 예수님의 생일 덕분에 선물도 받고 한때나마 빛과 자유로운 공기를 쐬니까! 사실 예수님은 그것보다 더 귀한 것을 주려고 오셨는데 말이다.

그냥 죽기에는
억울할 사람들

아프리카에 기근이 들면 교도소의 죄인들이 가장 먼저 굶어 죽는다. 정부는 죄수들까지 부양할 능력이 없다.

1998년 한국에 IMF가 터졌을 때 세계 경제는 다 어려웠다. 당시 모리타니의 상황도 사람이건 동물이건 모두 뼈와 가죽만 남을 정도로 비참했다. 교도소의 죄수들에게는 하루 50우기야밖에 지원되지 않았는데, 이 돈으로는 작은 빵 한 개와 빵에 바를 수 있는 버터밖에 살 수 없었다. 그들은 너댓 달 동안 이 작은 빵 하나로 하루하루를 연명했다. 그때 교도소에서 글을 배운 죄수 중 한 명이 내게 서툰 프랑스어로 편지를 보냈다.

'우리는 너무 배가 고픕니다. 마른 빵만 먹다 보니 항문은 막히고, 눈은 노래지고, 앞이 안 보입니다. 마담이 우리에게 비타민을 공급할 수 있는 음식을 주었으면 좋겠습니다. 우리는 약이 필요합니다. 나는 이 땅에 태어난 게 정말 슬픕니다.'

이 편지를 쓴 서른두 살의 죄수는 약이 필요하다는 말을 마지막으로 한 뒤 병으로 죽었다. 나는 약도 없었지만 약을 함부로 줄 수도 없었다. 다들 영양실조에 걸려 있는 터라 비타민 같은 약으로는 해결이 안 되는 상태였다.

'주님, 이들에게 굶주림을 면하고 주님 백성이 되는 권세를 누리게 해 주세요. 그냥 죽기에는 너무 억울하지 않겠습니까?'

나는 필사적으로 그들을 살리기 위해 노력했다. 나 또한 하루에 두 끼를 겨우 먹을 정도로 힘들었지만 일주일에 한두 번은 닭을 삶아서 샌드위치를 만들어 죄수들에게 갖고 갔다. 감자도 삶아 가고 우유죽도 끓여 갔다. 눈에 먹을 것만 보이면 이들을 위해 쟁여 놓았다.

요즘도 일주일에 한 번씩 교회에서 갖고 가는 우유죽과 닭다리 튀김이 어떨 때는 그들이 일주일 동안 먹은 단백질의 전부가 되기도 한다. 그들에게 내가 줄 수 있는 단백질이 풍부한 음식은 기껏해야 우유죽 조금과 닭다리 하나뿐이지만 그들은 그것조차 못 먹고 살았으니……. 20년 전이나 지금이나 이 땅에 태어났다는 것이 슬플 뿐이다.

죄수 중에는 해가 바뀌면 못 보는 죄수도 있는 반면, 18년째 보는 죄수도 있다. 이름은 모르지만 이슬람 근본주의자같이 수염을 길게 기른 죄수들도 내게 부탁을 하곤 한다.

"마마, 내가 슬리퍼가 없어서 화장실에 가면 똥이 다 묻습니다." "머리가 너무 아프니 다음에 올 때 아스피린 좀 사다 주세요." "바지가 다 낡았습니다." "안경이 필요합니다."

사람이 먹고사는 데는 아무리 최소한의 것이라고 해도 필요한 것이 많았다. 나는 그럴 때마다 헌 바지를 구해다 주고, 새 슬리퍼를 사주고, 안경을 기증받아 가져다준다. 라마단 때는 모든 모슬렘이 다 먹는다는 밀트죽을 끓여서 가기도 했다. 밀트죽이란 귀리를 갈아서 좁쌀처럼 만든 다음 말려서 설탕과 우유를 넣고 쑨 죽으로, 모슬렘들이 라마단 기간이 끝나면 가장 먼저 먹는 음식이다. 금식을 하면 변비나 소화불량이 생기기 때문에 금식을 끝낼 때 소화가 잘되고 섬유소가 풍부한 밀트죽을 먹는 것이다.

"모슬렘들도 못하는 일을 크리스천이 하네요. 감사합니다."

교도소에 밀트죽을 끓여 가면 간수가 감동받은 듯한 어투로 인사를 한다.

죄수들은 내가 왜 자신들을 대접하는지 궁금해했다.

"마마, 가난한 사람, 도움이 필요한 사람은 우리 말고도 많잖아요. 게다가 우리는 죄인들인데……."

그랬다. 눈이 멀어 가는 어린이들만 구해도, 구해 주어야 할 사람은 주변에 넘쳐났다.

"여러분이 죄인이기 때문입니다. 예수님은 죄인을 구하러 오셨거든요. 여러분뿐만 아니라 우리 모두가 죄인입니다. 인간은 순간순간 죄를 짓지요. 예수님께 구원받기 위해서는 누구나 죄를 회개해야 합니다."

마른 땅, 메말라 버린 사람들. 그래도 주님은 이 땅을 바라보시며 이 땅은 내가 창조하였다고, 이 사람들을 사랑한다고 말씀하시는 걸 그들은 알까. 지금 이 순간도 구원의 문을 활짝 열어 구원받은 사람들의 이름을 생명책에 적어 가고 계시다는 것을!

"착한 사람도 많은데 예수님은 왜 죄인들을 위해서 오셨어요?"

그들로서는 예수님이 이해가 안 될 것이다. 비록 자신들이 죄인이지만, 죄인은 나쁘다고 생각하는 것이다. 감옥에 갇혀 있는 사람 중에는 몇몇 정치범과 같이 자신의 신념을 지키려다 죄수가 된 사람도 있지만 강간이나 살인 같은 죄질이 나쁜 사람도 있다. 또한 눈물을 흘리며 자신의 죄를 자복하고 반성하는 사람도 있지만 반대로 여전히 뻔뻔한 사람도 있다. 그들이 보기에도 죄에 등급이 있어 보이는 모양이다. 주님의 눈에는 모두 똑같이 보살펴야 할 죄인일 텐데 말이다.

내가 그들을 잊지 않고 찾는 이유는 만약에 예수님이 오신다면 그들을 가장 먼저 찾아가실 것이기 때문이다. 그들은 언제 죽을지 모르는 사람들, 가장 버림받은 사람들이다. 무엇보다 이 땅에 태어나지 않았다면 범죄를 저지르지 않았을지도 모르는 사람들이다. 그들이 죽기 전에 회개하고 하나님을 만나 새 삶을 찾기 바라는 마음에서 한 주도 빠지지 않고 찾아간다. 그들이 주님의 긍휼을 경험하기를 바라며.

죄를 자복한 살인자
시다메드

시다메드는 같은 죄수들도 혀를 내두르는 악질 중의 악질이었다. 그는 아프리카 출신 마피아로, 살인죄로 20년형을 선고받고 교도소에서 복역 중이었다. 그는 스페인, 이탈리아 등 유럽의 여러 나라에서 활동했는데, 그 덕분에 그는 유럽에 있는 거의 모든 나라의 언어를 구사할 줄 알았다. 프랑스어, 스페인어, 영어, 독일어, 이탈리아어 등을 썩 잘했다. 만약에 내가 그를 감옥에서 만나지 않았다면 교육받은 쾌활하고 멋진 사업가로 보았을지도 모를 일이다.

그가 20년 형을 받은 건 단돈 1,500달러 때문이었다. 1,500달러 때문에 친구를 죽여서 목을 자르고 몸통은 전기선으로 묶어 쓰레기장에다 버렸다. 쓰레기 치우는 사람이 신발 부분만 보고 신발을 주우려다 토막 난 시신을 발견해 신고한 것이다. 그는 법정에서 끝까지 친구를 죽이지 않았다고 주장했다. 살해된 친구와 가장 마지막까지 있었던 사람이 바로 자신인데도 말이다. 그는 자복하지 않았으나 살인죄로 20년형을 선고받고 모리타니에서 복역하는 중이었다.

그는 모리타니에 아는 사람이 아무도 없었다. 흉악한 살인범이라 도와줄 사람은 더더욱 없었다. 그는 간혹 내게 바지가 해져 못 입는다며 바지를 구해 달라거나 슬리퍼를 사 달라고 했다. 죄인들도 단죄하며 피하는 그를 나는 피하고 싶지 않았다. 주님의 안타까운 마음이 느껴져서다. 그는 나에게만은 사실은 친구를 죽였노라고 죄를 고백했다.

"하나님께서 나 같은 사람도 용서해 주실까요?"

그는 간절히 용서받고 싶어 했다. 용서받을 수 없다는 것만큼 사람을 절망으로 몰아넣는 것도 없다.

"용서란 하나님이 하시는 거지 내가 하는 게 아니에요. 이걸 한번 읽어 보세요."

나는 그에게 쪽복음을 넣어 주었다. "내가 의인을 부르러 온 것이 아니요 죄인을 불러 회개시키러 왔노라"(누가복음 5:32). 얼마 안 가 그는 나에게 도움을 요청하면서도 한편으로는 도움받는 것을 미안하게 생각했다. 스스로를 죄인이라고 생각해서이기도 하려니와 내가 자신을 도와주면 다른 재소자 한 명이 도움을 못 받는다고 생각해서였다.

"미셔너리, 저 말고 다른 사람을 도와주시고, 저는 그냥 교도소 일을 시켜 주시면 안 될까요?"

"그것 좋은 생각이네요. 소장에게 한번 부탁해 볼게요. 시다메드,

당신은 점점 새로운 사람으로 변하고 있어요."

나는 교도관에게 시다메드가 다른 수감자들에게 영어와 프랑스어를 가르쳐 주도록 하는 건 어떨지 자문을 구했다. 교도소에서 좋다는 허락이 내려왔다. 그들도 문맹의 수감자들보다는 글자를 아는 수감자들이 다루기 쉬울 터였다. 게다가 시다메드는 모범수였다.

나는 시다메드가 수업할 수 있도록 작은 칠판 50개를 사서 넣어 주었다. 시다메드가 일주일에 두 번 교재를 달라고 하기에 나는 성경 말씀을 응용한 구절을 교재로 만들어 주었다. "I am happy!" "Why?" "Do you have life?" 같은 식이었다.

그는 감옥에서 자신과 같은 죄수들을 5년 동안 가르쳤다. 모범수가 되다 보니 20년에서 15년으로 감형까지 받았다. 게다가 보너스로 한 달에 10달러씩 수고비도 받았다. 그는 그 돈을 모두 모아서 감옥에서 나오자마자 고향으로 가는 여비로 썼다. 그가 전혀 다른 인생을 살 것이라고 믿어 의심치 않는다.

"주님을 붙들지 않으면 저는 살 수 없습니다."

"하루하루 진실해질 수 있기를 기도합니다."

"무엇보다 주님이 저의 죄를 아시는데, 저를 정말로 용서해 주실까요?"

"제가 죽인 친구에게 정말 용서를 구하고 싶습니다."

감옥에서 보낸 그의 간절한 고백들을 나는 지금도 기억한다. 그를 변화시킨 것은 물리적 감옥이 아니라 마음의 감옥이다. 죄를 자복하지 않고는 견딜 수 없게 만드는 마음의 감옥. "내 죄악을 아뢰고 내 죄를 슬퍼함이니이다"(시편 38:18).

시다메드는 자신이 어떤 죄를 짓고 살았는지 예수님을 만나고 나서야 깊이 깨달았다. 시다메드가 내게 친구를 죽였다는 고백을 했을 때는 이미 주님께 자신의 죄를 자백한 뒤일 것이다. 날이 갈수록 뜨거운 불로 지지는 것 같은 양심의 가책을 견디지 못해 입술을 열었을 것이다. 그는 예수님을 만나고 나서 더욱 괴로워하고 슬퍼했다. 그러나 그럼으로써 그는 구원받았을 것이다.

나는 요즘 교도소에는 가지 않는다. 대신 교회 사역자와 우리 집에 살고 있는 교인 한 사람까지 두 명을 보낸다. 죄수들은 여전히 시다메드처럼 내게 편지를 보내온다. 그들은 가장 하기 어려운 이야기를 편지로 고백한다. 자신의 죄를 자복하는 것만큼 어려운 일이 이 세상에 있을까! 그러나 꼭 해야 할 그 일을 그들은 자신만의 언어로 감옥에서 가슴을 치며 하고 있다. 주님은 시다메드를 용서해 주신 것 같이 그들도 용서해 주실 것이다.

감옥에서
주님을 만난 시다트

　주일 아침은 여전히 바쁘다. 새벽 세 시 반에 일어나서 기도를 한 다음 교도소에 갖고 갈 우유죽부터 끓인다. 예배를 마친 교인들까지 먹이려면 300인분 이상을 끓여야 한다. 바그다드 사람들이 바닷가 마을로 이주하기 전까지는 400인분, 500인분을 끓였던 것에 비하면 일은 줄어든 편이다.

　"이 우유죽을 먹는 사람에게는 계속 주님 음성을 들려주시고 주님을 만날 수 있는 기회를 주십시오."

　설탕과 가루우유, 쌀을 넣어 휘휘 저으면서 나는 계속 기도를 드린다. 가마솥 두 개에 넘치게 끓인 우유죽은 멀리서도 달콤한 냄새가 느껴져 다들 군침을 삼킨다. 예배가 끝나면 나는 우유죽을 들고 죄수들을 만나러 간다. 죄수 중에는 드물게 부자도 있다. 부자들은 주로 횡령죄를 저지른 인물이거나 정치범이다.

　시다트는 백모로족 죄수로 한때 '승려'라는 이름의 철강 회사의 회계를 맡은 사람이었다. 이 회사는 모리타니에서도 손꼽히는 아주 큰 기업으로, 이곳에서 그는 어마어마한 액수의 회삿돈을 여러 방법으로 횡령했다. 한마디로 장부를 조작해서 죄를 저지르는 화이트컬러 범죄의 전형이었다. 시다트는 교도소 음식 대신 집에서 만들어서 차입해 주는 음식을 먹는 특권을 누렸다. 범죄자들도 시다트는 남다르게 취급했다. 자신들처럼 사람을 때리거나 죽이지는 않았기 때문이다.

교도소에서도 기름지고 좋은 음식을 먹는 그가 뜻밖에도 우유죽을 너무나 먹고 싶어 했다. 다른 죄수들과 같은 음식을 먹는 것을 자존심 상해했지만 나에게 우유죽을 한 그릇 달라고 청했다.

그런데 그가 죽을 입에 넣으려고 하자 그의 귓가에 "시다트!" 하는 큰 소리가 들렸다. 어찌된 노릇인지 그 다음 주에도 우유죽만 먹으려고 하면 같은 음성이 들렸다. 그로서는 놀라 까무러칠 지경이었다.

돈도 배경도 있던 시다트는 곧 감옥에서 곧 풀려났다. 풀려나자마자 그는 나를 수소문해서 찾아왔다. 말끔하게 차려입은 그를 나는 처음에는 몰라봤다.

"미셔너리, 저를 기억하시겠어요? 감옥에 있을 때 우유죽을 먹으려고 하면 누가 자꾸 제 이름을 불렀어요."

"아무래도 하나님이 부르시는 것 같습니다. 프랑스어를 할 줄 아세요?"

"네. 프랑스어로 된 성경책이 있으면 주십시오."

"나는 새벽잠이 없으니까 내일부터 새벽에 찾아오세요. 예배드리기 전에 성경 공부를 합시다."

그는 다음 날부터 새벽 두 시만 되면 성경책을 들고 나를 찾아왔다. 그는 나와 함께 성경을 읽고 새벽 예배를 드리고는 집으로 갔다. 석 달 동안 단 한 번도 빠지지 않았다. 그는 컴컴한 길을 차를 몰고 와서는 두 시만 되면 어김없이 우리 집 문을 두드렸다.

그가 예배를 드리기 시작하자 열세 명이나 되는 그의 가족들도 어느 날부터 모두 예배를 드리러 교회에 나왔다. 한동안 시다트의 가족은 우리 교회에서 유명했다. 그는 모슬렘이었고, 다른 교인과 달리 돈과 권력을 가진 고위층이었기 때문이다. 게다가 시다트와 가족들은 모두 세례까지 받았다.

세례를 받자마자 그는 가족을 이끌고 이슬람 국가가 아닌 세네갈로 이주했다. 그는 지금도 모리타니를 왔다 갔다 하며 사업을 하는데, 모리타니에 올 때마다 안부를 전해 온다.

그를 떠올릴 때마다 '하나님이 정말로 급하셨나 보다' 하는 생각이 든다. 세네갈로 이주해 가기까지 얼마 안 되는 짧은 시간에 그가 하나님의 사람으로 변화되기를 원하셨던 모양이다. 그렇지 않고서야 사는 데 아무런 불편이 없는 고위층 모슬렘이, 그토록 단시간에, 그것도 가족까지 모두 세례를 받는 일이 일어나겠는가.

척박한 땅에
버려진 장애인들

육신이 성한 것이 얼마나 큰 축복인지는 장애인을 보면 알 수 있다. 그러나 육신이 성한 것보다 영혼이 구원받는 것이 더 큰 축복이다. 하나님은 장애아들에게도 특별한 구원의 선물을 주셨다.

모리타니뿐 아니라 아프리카에는 장애인들이 유난히 많다. 전쟁과 기아는 장애를 만든다. 내전이 심각한 나라에서는 일부러 손발을 자르기도 한다. 손발이 잘린 그들은 농사를 짓지 못해서 굶어 죽게 된다. 죽이는 것보다 장애인으로 만드는 것이 더욱 잔인한 살육이다. 비타민A 부족으로 아이들은 눈뜬장님이 되기도 하고, 비타민D 부족으로 구루병에 걸려 앉은뱅이가 되기도 한다.

장애인들의 비극은 여기서 끝나지 않는다. 그들은 집 안에 방치되어 하루 종일 컴컴한 방에서 꼼짝도 못한 채 누워 있다. 심한 경우 가족으로부터도 학대를 받는데, 어린 장애아들의 경우 특히 성적 학대를 많이 받는다. 그렇게 성적 학대를 받은 아이들의 상처는 눈 뜨고 보기 힘들 정도다. 저항하지 못한다는 것을 아는 아버지나 형제들이 가해자다. 그들의 항문은 늘어져 있거나 구멍이 뚫릴 것처럼 문드러져 있는 경우가 많다.

'사람이 짐승보다 못한 취급을 받고 있다니……. 아이들을 절대로 집에 두어서는 안 되겠다.'

아이들을 우선 씻기고 제대로 먹이려면 어떤 방법을 써서든 센터로 데리고 나와야 했다. 더욱 많은 수의 아이들을 돌보기 위해 나는 일주일에 두 번씩 센터로 아이들을 데리고 나오게 했다. 교인들이 택시나 교회 차를 이용해 장애아가 있는 집을 방문해서 아이들을 데려오고, 나중에 데려다 주었다.

한국 사람의 눈으로 보면 바그다드의 장애인 센터는 장애인 수에 비해서 너무 협소해 보인다. 방 한 칸에 마흔 명 정도를 돌보고 있으니 센터라는 이름도 무색하다. 그렇지만 누아디부의 유일한 장애인 시설인 것만은 확실하다. 바그다드 인근의 장애 아동은 더욱 많지만 우리로서는 그것이 최선이었다.

한정된 재정과 장소로는 모든 장애 아동을 도울 수 없기 때문에 어쩔 수 없이 우리 센터에서 돌볼 수 있는 아이들을 선별할 수밖에 없다. 호적이 있는 아이, 적어도 부모가 호적을 만들어 줄 수 있는 아이, 의사소통이 가능한 아이를 우선적으로 선별했다. 사정은 너무 안타깝지만 도와줄 수 없을 때 가슴이 너무나 아팠다.

장애아들을 데리러 갈 때도 세례를 받은 사람과 세례를 받지 않은 사람을 한 조로 해서 그들의 가족과 접촉하게 한다. 특히 성적으로 학대를 받은 아이는 가족들에게 아이의 벌어진 항문을 그대로 보여 주며 있는 사실을 그대로 설명하게 했다. 이때도 이것을 세례받은 사람이 아닌 모슬렘들에게 맡겼다. 학대받은 아이를 보면 모슬렘들도 의분을 느끼게 될 것이기 때문이다.

"이 아이는 지금 학대받았습니다. 이게 그 증거입니다. 이렇게 하면 안 됩니다!"

대부분의 가족들은 그런 일이 없었노라고 끝까지 발뺌한다. 자신들이 어둠 속에서 저지른 악행이 드러나면서 수치를 느끼기 때문이다. 그들이 수치를 느끼지 않는 한 그 아이는 그 고통스러운 일을 계속 당할 수밖에 없을 것이다.

아이들이 센터로 오면 우선 씻기고 먹이는 일부터 했다. 거동을 못하는 아이들은 센터 직원들이 아이의 항문에서 똥부터 파냈다. 항문의 힘이 약한 데다 장의 활동도 약해서 똥이 돌덩이처럼 장 안에 차 있다. 아이들도 딱딱한 똥을 파내고 나면 시원한지 표정이 한결 밝아졌다. 그런 다음 씻겨서 팬티를 입혔다.

우리 센터에서는 장애인들끼리 서로가 서로를 돌보게 한다. 누군가 큰일을 보면 거동이 가능한 아이가 기저귀를 갖고 와서 변을 치우게 한다. 교회 종치기이자 동화 작가였던 권정생 선생의 글을 보면, 다리를 못 쓰는 사람이 앞을 못 보는 사람의 눈이 되어 주고, 앞을 못 보는 사람이 다리를 못 쓰는 사람의 다리가 되어 주는 이야기가 나오는데, 그런 아름다운 일이 우리 센터에서도 일어난다.

"옳지, 모세가 모하메드의 기저귀를 갖고 왔구나. 고맙다."

모세는 모하메드가 봐 놓은 변을 치우고 기저귀까지 빨아 온다. 모세가 받는 대가는 칭찬과 자신이 모하메드를 도왔다는 자부심이다. 물론 사탕 하나도 덤으로 받는다! 센터에 있는 동안 아이들은 다른 아이들을 돕는 것을 배운다.

여자 장애인들에게도 자립할 수 있는 바탕을 마련해 주기 위해서 재봉을 가르쳐 준 적이 있다. 재봉틀질을 가르쳐 주기 전에 바느질이 무엇인지 알려 주기 위해서 옥양목에 시침질, 박음질, 감침질 같은 손땀을 먼저 가르쳤다. 손땀을 가르치는 데도 넉 달이 걸렸다. 이렇게 해서 기술을 배운 이들은 센터에서 필요한 유니폼이나 바지를 만들었다. 특히 장애아들은 대소변을 못 가리기 때문에 바지가 많이 필요했다. 바지를 한 벌 만들 때마다 2달러를 대가로 주었더니, 남을 도왔다는 자부심, 스스로 일해서 돈을 벌었다는 자신감으로 얼굴이 훨씬 밝아졌다.

보이지 않는 아이, 들리지 않는 아이, 걷지 못하는 아이, 지적장애를 가진 아이 등 다들 쓰임이 있다. 지능이 상대적으로 높은 아이들은 지능이 떨어지는 아이들을 돌보게 하고, 청소도 각기 능력에 따라 역할을 분담한다. 서로 도우면 살 수 있다는 것을 알아 가는 것이야말로 장애인들에게 희망을 심어 주는 가장 좋은 방법이다.

마찬가지로 현지인에게도 장애인들을 돌볼 때 한 사람 한 사람에게 책임감을 느끼게 하려
고 노력했다. 장애인을 돌
볼 수 있는 사람은 멀리 있
는 NGO가 아니라 가까이
있는 모리타니 사람들이기
때문이다. 그래서 나는 장
애인들을 돌볼 때 어떻게
해야 하는지 모리타니 사람들을 철저히 훈련시켰다. 또한 모슬렘들
에게 장애인을 돌보게 함으로써 이웃을 내 몸과 같이 사랑하라는 예
수님의 가르침을 실천하게 만들었다. 나는 그들을 위한 생존법 교육
속에 예수님의 말씀을 실었다.

성한 사람도 살아가기 힘든 땅에서 장애를 가진 사람들이 어떻게
살아가겠는가. 그들이 와서 쉬어 갈 수 있고, 독립적으로 살아갈 수
있도록 기술을 가르쳐 주고, 무엇보다 복음을 전함으로써 그들이 삶
의 의미를 찾도록 하는 것이 센터가 존재하는 이유였다.

나는 센터를 꽤나 성공적으로 운영한 모양이었다. 2006년, 주지사
로부터 장애인 센터 소장으로 임명을 받았으니 말이다. 센터의 주무
관청은 누아디부 시의 사회복지회여서 나는 하루아침에 누아디부
시의 준공무원이 되었다.

구걸 천사 아부드

    모리타니에 온 지 얼마 되지 않았을 때, 나는 길거리에서 일곱 살짜리 아부드와 그의 엄마를 만났다. 아니 거지 여인네와 그녀의 장애인 아들을 만난 것이다. 길거리에서 장애아를 데리고 구걸을 하면 1우기야라도 더 벌 수 있다. 그 바람에 이곳에서는 장애아들도 양파처럼 거래되기도 한다. 거지라도 같은 거지가 아니기 때문이다. 사람들의 동정심을 더 많이 유발하는 쪽이 '상급' 거지에 속한다. 장애아를 안고 있는 여자, 전신 마비자, 하반신 마비자, 늙은 사람이나 아이, 장애가 경미한 사람, 장애가 없는 사람 순이다. 그러니까 아부드의 엄마는 거지 중에서 최상급 거지였던 셈이다. 아마도 아부드 엄마는 아부드 때문에 근근이 하루 벌이는 했을 것이다.

    빈민가를 돌아다니다 보면 아부드와 같은 장애아들을 많이 만난다. 그런데 내가 유독 아부드를 기억하는 이유는 나를 보고 방긋방긋 잘 웃었기 때문이다. 그래서 이름을 물어보았더니 더듬더듬 "아,

아부드"라고 대답하면서 또 방긋 웃었다. 깨끗이 씻겨 좋은 옷을 입혀 놓으면 아부드는 아마도 왕자님 같은 귀한 인물로 보일 것이다.

모슬렘들은 길에서 거지를 만나면 적선을 한다. 그들에게는 거지를 도울 의무가 있다. 알라에게 축복을 받으려면 적선을 해야 한다. 비록 자신이 축복받기 위해서 적선하는 것이라도 안 하는 것보다는 낫다고 생각한다. 그렇지 않으면 이 척박한 곳에서 사회적 약자들이 살기 더 어려워질 테니까. 나는 그들이 이왕 적선하는 거 찔끔찔끔 하지 말고 좀 많이 하게 해 달라고 하나님께 기도한다.

나는 그때 빈민가를 돌면서 아이들에게 노래를 가르쳐 주었다. 한국어나 영어로 찬송가를 불러 주면 아이들이 곧잘 따라 했다.

"예수 사랑하심은 거룩하신 말일세. 우리들은 약하나 예수 권세 많도다. 날 사랑하심 날 사랑하심 날 사랑하심 성경에 써 있네."

아부드에게 찬송을 불러 주니 커다란 눈망울에 눈물이 찰랑찰랑 고였다. 덥고 힘들어서 악을 쓰며 울다가도 찬송가만 불러 주면 얼굴이 평안해졌다. 아부드는 잘 걷지도 못하고, 말도 못하고, 그러다 보니 지능이 떨어지는 다중 장애를 갖고 있었는데, 이런 아부드에게 온전한 건 듣는 능력인 모양이었다.

이곳의 아이들은 대부분 한 가지 장애만 안고 있는 것이 아니라 여러 가지 장애를 한꺼번에 갖고 있다. 문란한 성관계나 근친상간에 의한 임신, 영양 부족, 더러운 환경, 열악한 의료 탓에 장애아가 많고, 장애아로 태어나지 않은 아이들도 후천적으로 장애아가 되기 쉽다.

그러니 이런 곳에 장애인을 위한 센터를 짓는다고 했을 때 어떠했겠는가. 저마다 아부드와 같은 아이를 안고 한달음에 달려왔다.

바그다드에 장애인 센터를 짓고 나서 나는 아부드를 가장 먼저 찾았다. 센터에 오면서 아부드는 길거리 동냥에서 해방되었다. 뜨거운 길바닥이 아닌 에어컨이 나오는 곳에서 잘 먹고 잘 자고 잘 놀았다. 걷지 못해서 기어 다녔지만 이제야 그 나이 또래의 아이답게 장난감도 가지고 놀았다. 무엇보다 찬송을 좋아해서 찬송가를 가르쳐 주면 눈물부터 흘리며 기뻐했다. 말은 못하지만 아부드가 어떤 마음인지 눈을 보면 알았다.

그러나 센터에 온 지 몇 달 안 되어 아부드가 시름시름 아팠다. 감기에 걸린 듯 열이 나서 병원에 데려갔더니 패혈증이라고 했다. 약을 써 볼 시간도 없이 다른 아이들처럼 아부드도 총총히 세상을 떠났다.

보통 센터의 아이들에게 ABC를 가르치는 데 5년, 1부터 10까지 가르치는 데 3년쯤 걸린다. 센터에서 몇 달 있지 못한 아부드는 ABC도 몰라 자기 이름도 못 쓰고, 예수님 이름도 못 써 보고 세상을 떠난 것이다. 아부드를 보낸 뒤에 아부드가 도화지에 그린 예수님과 천사들을 보았다. 천사 그림은 꼭 아부드를 닮아 있었다. 나는 아부드를 떠올릴 때마다 늘 지상에 내려온 천사였을 것이라고 생각한다. 찬송만 들으면 샘처럼 눈물이 고이던 그 아름답고 큰 눈이 어찌 천사의 눈이 아니라고 하겠는가.

밤마다
여자들이 우는 곳

누아디부는 밤만 되면 캄캄해진다. 누아디부뿐 아니라 모리타니 전역, 아니 아프리카 전역이 그러하다. 전기가 귀해서기도 하지만 밤이 더욱 암흑인 이유는 잘못 돌아다니다가는 봉변을 당하기 때문이다. 밤은 야만이 지배한다. 인적이 끊긴 거리를 치안을 단속한다는 명분으로 경찰이 순찰하는데, 그것을 라마스라고 부른다. 경찰은 그야말로 무소불위의 권력을 휘두른다. 기니 등 아프리카 내륙에서 올라온 여자를 발견하면 이유 없이 몽둥이로 두들겨 팬다. 여자들은 맞으면서도 비명은 지르되 저항은 하지 않는다. 여자가 맞는걸 누가 나가서 도와주지도 않는다. 오랫동안 억눌린 채 살아온 탓에 맞으면서도 그게 팔자려니 여긴다.

때리는 사람들에게 이유를 따져 물으면, 그들은 한결같이 이방 여자는 더러운 창녀기 때문이라고 대답한다. 같은 여자가 맞는데도 여자들이 말리지 않는 이유도 뻔하다. 이방 여자들이 언제 자기 남편과 어떤 관계를 맺을지 모른다고 생각해서다. 그래서인지 핍박받으면서도 여자들 사이의 연대감이라고는 없다. 아프리카에 있는 나라들은 단일민족의 나라가 없고 같은 검은색 피부인데도 자국민과 이방인을 나눈다.

온몸이 피투성이가 되어서 길거리에 쓰러진 여자들은 어느 순간부터 교회로 피신했다. 이방인인 그들을 받아 줄 만한 곳은 교회말고는 없었기 때문이다. 간혹 남편에게 맞은 여자들도 몸을 피하러 교회로 왔다. 요즘은 주민들이 라마스 기간에 맞는 여자들을 보면 "교회 마담이 도와주니까 그리로 가라"고 말해 준다. 피할 곳이 있으니 그나마 형편이 나아진 편이라고 해야 할까?

모슬렘 남자들은 겉으로는 대단히 관대하다. 가난한 사람을 보면 적선도 곧잘 한다. 그들이 적선하는 이유는 그에 상응하는 복을 알라가 준다고 생각하는 이기적인 목적이지만 말이다.

모슬렘은 또한 겉으로는 대단히 점잖다. 의복도 깨끗하고 수염도 기르는 등 권위를 내세운다. 게다가 좀체 흥분하지도 않는다. 그런데 집에만 가면 그렇지 않다. 여자들을 때리고 밟고 때론 명예살인이니 하는 말로 위장해 칼로 찌른다. 여자를 사람이 아닌 재산으로 취급한다. 게다가 누구든 남의 집 일에는 간섭하지 않는 것을 예의로 여기기 때문에 옆집 여자가 맞아 죽어도 아무도 말리지 않는다. 눈앞에서 목숨이 위협당할 지경에 달해도 이웃들은 그저 지켜볼 뿐이다.

남자를 폭군으로 만드는 모슬렘의 관습이 21세기 내 눈앞에서 펼

처질 때 나는 경악을 금치 못했다. 맞고 자란 여자들은 아이들을 때리며, 어머니를 때리는 아버지를 보고 자란 아들은 자신의 아내를 때린다. 폭력은 가정에서 대대로 교육된다. 모슬렘 남자들이 가진 이중성과 폭력성에 나는 분노했다.

'하나님, 이 땅을 하나님이 지으신 대로 돌려주십시오. 꼭 돌려주셔야 합니다.'

여자들의 비명소리가 들릴 때마다 나는 기도한다. 내가 몽둥이를 들고 나가서 그들을 말린다고 한들 뿌리 깊은 그들의 관습이 변하겠는가.

"쌀을 가져다주고, 어디 잘 데가 있는지 알아봐 주도록 해라."

"네, 미셔너리. 오늘은 세 명뿐이에요."

우리 집 부엌에는 몇 주일이고 피신했다 가는 여자들의 발길이 끊이지 않는다. 처음 보는 모슬렘을 집 안에서 재울 수는 없고, 특히나 혼자 사는 내가 그들이 불쌍하다고 집에 재웠다가 그들의 남편이 찾아와 행패를 부린다면 감당할 수 없을 듯하여 부엌만 내어 준다. 여자들은 옹기종기 모여 앉아 밥도 해 먹고 신세 한탄도 하면서 한동안 머물다 간다. 낮 동안 간단한 일거리로 돈을 벌어 먹을거리나 쌀을 사 오기도 한다.

우리 집 부엌에 몇 주일이고 피신했다 간 여자들은 다른 여자들에게 전할 것이다. 라마스의 밤에 크리스천 마담이 보호해 주었다고. 크리스천들은 여자를 남자와 같이 대접한다고.

신앙의 검은 띠 따기

태권도 3단. 내가 지갑에 넣고 다니는 몇 개의 라이선스 중에 하나는 태권도 유단자 단증이다. 이곳은 수시로 자신을 증명해야 하는 상황을 맞는다. 그때를 대비해서 여권과 각종 단체에서 발급한 증명서를 갖고 다닌다.

2005년, 장애인 센터에서 태권도를 가르치는 대학생 사범이 다섯 달 만에 한마디 말도 없이 한국으로 돌아가 버렸다. 태권도를 배우는 아이들을 실망시킬 수도 없었고, 그렇다고 사범을 따로 구할 수도 없었다. 하지만 하나님이 고난을 주실 때는 극복할 수 있는 힘도 같이 주신다. 나는 이러지도 저러지도 못하는 상황에서 내가 태권도를 직접 배워 아이들에게 가르쳐 보자고 결심했다.

"이번 기회에 내가 단증을 따자!"

나는 당장 스페인에 있는 태권도장에 등록했다. 스페인에 머물 때는 도장에서 하루 종일 집중적으로 배우고, 모리타니에 있을 때는 인터넷으로 품새를 따라
하면서 승급 준비를 했
다. 2005년 한국에 나갔
을 때 마침내 1단을 땄
고, 2008년에 2단, 2010
년에 3단까지 땄다. 센터
의 아이들은 내가 검은
띠라는 걸 무척이나 자랑스러워한다. 배울 때는 힘들었지만 나는 단
증 딴 것을 무척 다행스럽게 생각한다. 이곳에 와서 태권도를 가르
치겠다는 사람을 그 이후 단 한 사람도 만나지 못했기 때문이다.

20년쯤 있어 보니 이 땅은 사람을 받아들이는 땅이 아니라 밀어내
는 땅이라는 사실을 깨닫게 되었다. 태권도 사범이 이 땅의 혹독함
에 못 이겨 이곳을 떠나갔듯이.

"한동안은 힘들 것입니다."

한국에서 선교사님이나 목사님들이 모리타니에 오면 첫인사로
이 말을 한다. 그동안 모리타니에 파견 온 사람은 많았지만 한두 달
의 단기 훈련생 외에는 다들 탈이 나서 나갔다. 심지어 목사님도 견
뎌 내지 못했다. 태권도를 하셨던 목사님이었는데, 모리타니 교인들
이 목사님을 눈엣가시처럼 여겨 마구 때릴 기회를 노리고 있었던 것
이다. 목사님은 자신의 뒤통수를 노리는 서늘한 눈빛에 눌려 결국
한국으로 돌아갔다.

이슬람 문화도 한국 사람들이 적응하기 힘든 이유 중 하나다. 모슬렘들은 한 가족처럼 지내기를 좋아한다. 한번 주고, 그보다 더 많이 받고, 그보다 더 많이 주고, 그보다 더 많이 받는 식이다. 그러다 보면 진득진득한 그물에 얽혀 들어가는 듯한 느낌이 든다.

그들의 문화가 밤의 문화인 것도, 낮에 일하고 밤에 자는 사람들에게는 고통이다. 그들은 새벽 서너 시까지 먹고 마시며 떠든다.

사람들의 강퍅함도 견디기 힘들다. 나귀 주인들이 나귀를 얼마나 두들겨 패는지 엉덩이에는 피떡이 져 있다. 주인들은 그들에게 더러운 종이박스만 먹이는데, 그마저도 종이를 찢어서 입에 걸어 놓아 나귀들이 입을 뺄낼 수도 없게 만들어 놓는다. 고통당하는 죄 없는 생물을 보면 주인과 한바탕 드잡이를 해서라도 속량시켜 주고 싶지만 길 위의 모든 당나귀가 그러하다는 사실에 무력감을 느낀다.

한국에서 갓 모리타니로 온 청년들은 거리에만 갔다 오면, 생기 넘치던 얼굴이 우울해져 돌아온다. 직감적으로 나는 그들이 연단받고 있다는 걸 느낀다. 20여 년 전의 나도 같은 연단을 받았다. 하지만 그러한 연단을 '신앙의 검은 띠'를 따기 위한 훈련이라고 생각하고 기꺼이 받아들이지 못하면 막막한 광야를 헤매게 된다. 다만 주님의 음성이 이끄는 대로 가면 광야와도 같은 연단에서 빠져나올 수 있다.

건빵 일곱 개와
낡은 축구공

　누아디부 최대의 빈민촌인 바그다드에 있는 방 한 칸짜리 깡통 집은 화장실도 없고 부엌도 없다. 처마 아래 길게 달아 낸 것이 부엌이고, 집에 들어가려면 고개를 숙여야 한다. 집이라고 하지만 창문도 없어서 어떻게 보면 네모난 컨테이너같이 생겼다. 다닥다닥 붙은 집은 50도가 넘는 기온에 사람의 체온, 거기다 깡통끼리 반사하는 열까지 더해져서 화덕이나 다를 바 없었다. 간혹 깡통 집이나 나무 집에 불이 나서 마을 전체에 화재가 나기도 한다. 이곳 주민들은 기운이 없어서 나오지도 못하고 씻는 건커녕 마실 물도 없어서 시체처럼 누워 있었다. 하루 수입 2유로로, 우리 돈으로 3,000~4,000원에 불과한 돈으로 생존하려면 아무것도 하지 않고 누워 있는 것이 가장 상책이다. 정해진 하루 수입으로 아이들까지 먹이려니, 하루 한 끼도 먹기 힘들다.

　아이들은 내가 지나가면 "배가 고파요"라고 수줍게 말하곤 했다.

누아디부에 정착한 이래로 나는 일주일에 두어 번씩은 찬송을 가르쳐 주러 바그다드에 나갔다. 바그다드에 갈 때는 가장 싸고 양 많은 먹거리인 건빵을 한 자루씩 산다. 나도 가난하기는 마찬가지여서 한 봉지씩 주지는 못하고 봉투에 일곱 개씩 넣어서 나눠 준다. 간혹 힘센 아이들은 약한 아이의 건빵 봉지를 발로 차서 건빵을 떨어뜨려 잽싸게 주워 먹었다. 작은 아이들은 떨어진 건빵이라도 먹고 싶어서 물끄러미 바라보고 있다.

'주님, 저도 가진 것이 없지만, 아이들에게 뭔가를 해 주고 싶습니다. 도대체 저 아이들에게 무엇을 해 주는 것이 좋을까요?'

아이들을 몇 날 며칠 관찰하다 보니 여느 아이들과 다른 점이 있었다. 아이들은 보통 기쁨에 겨워 해맑게 뛰노는 게 정상이다. 아이들은 팔을 뻗어 다른 사람을 부르는 모습조차 춤추는 것처럼 보여야 한다. 그런데 바그다드의 아이들은 힘이 없다 보니 축 늘어진 채 놀기는커녕 잘 움직이지도 않았다. 배고픔은 잔인하게도 아이들에게서 노는 기쁨을 빼앗아 버렸다. 나는 그것이 못내 안타까워 축구 교실을 열었다.

'축구 교실'이라는 이름은 그럴듯하지만 사실은 모래땅에다가 돌멩이 몇 개로 골대를 만들고, 아이들을 불러서 공을 차는 게 전부다. 아이들은 축구공도 없어서 코카콜라 캔을 밟아서 차고 놀았다. 물론 그 코카콜라 캔 하나도 구하기 어렵지만 말이다. 축구 교실이 끝나면 배고픈 아이들에게 바게트 빵을 하나씩 주어 허기를 달래게 했다.

오후 다섯 시 반이 되면 바그다드 모래밭에 어김없이 아이들이 하나둘씩 모여든다. 바그다드 아이들이 모두 다 나왔다고 해도 과언이 아니다. 이렇게 실컷 놀 수 있는 기회가 아이들에게는 흔하지 않기 때문이다. 축구 교실이 열린다는 소식을 듣고 스페인과 미국 NGO가 선물해 준 축구공은 얼마나 많이 가지고 놀았던지 금세 너덜너덜해졌다. 아이들은 바람이 빠지고 찢어진 공을 몇 번씩이나 기워서 차고 또 찼다. 그들은 공 하나만 있어도 행복해했다.

바그다드에 활기 있는 사람은 아이들뿐이라고 해도 과언이 아니다. 이 아이들이 없었다면 바그다드는 아마 유령 도시 같았을 것이다.

'주님, 이곳에 기쁨의 초장을 만들어 주십시오. 안 만들어 주시면 안 됩니다.'

주님께 억지를 쓰며 매주 토요일마다 바게트 빵을 100개씩 사서 축구 교실을 연 지도 10년 가까이 되었다. 그동안 웃음의 씨앗이 뿌려진 초장이 만들어졌다. 물론 겉으로 드러난 바그다드의 모습은 예

나 지금이나 그 궁색함과 곤궁함으로 변함없지만 말이다.

그런 바그다드가 이제는 추억 속의 마을이 될지도 모른다. 모리타니 정부에서 2010년부터 바닷가 근처에 마을을 만들어 바그다드 빈민들을 그곳으로 이주시키고 있기 때문이다. 하지만 이주해 간 사람들은 그나마 좀 형편이 나은 사람들이고, 빈자 중의 빈자들은 여전히 바그다드에 남아 있다. 그들도 언젠가는 보다 나은 곳으로 이주해 갈 날이 올 것이다.

새로 이주하는 곳에서 바그다드 주민들은 무조건 벽돌집을 지어야 한다. 정부는 사람들에게 땅을 주면서 블록으로 담을 만들지 않으면 땅을 도로 뺏어 다른 주민에게 준다. 그래서 사람들은 땅을 지키기 위해서라도 절약하고 열심히 일하지 않을 수 없다. 주민들은 하나에 우리 돈으로 200원 정도 하는 시멘트 블록을 한 장, 두 장 사 모아 집을 짓는다.

바그다드 주민들이 새로운 곳으로 이주해 간 덕분에 120명이 넘었던 유치원 아이들이 이제는 50~60명으로 줄었다. 바그다드 인구의 절반 이상이 떠났다는 말이다. 그 사실에 나는 큰 소리로 "할렐루야!"를 외치고 싶을 만큼 감사하고 있다. 여전히 열악하기는 마찬가지겠지만, 적어도 전기가 들어오는 곳으로 이주해 간 것만 해도 그들의 삶이 훨씬 윤택해진 것이기 때문이다.

만리타향에서
우는 한인들

모리타니에서 한국인과 관련된 일이 있으면 다들 으레 나를 찾아온다. 수도에는 스물다섯 명이, 누아디부에는 열다섯 명의 한국인이 살고 있다.

아프리카의 한국 사람들은 돈만 있으면 몰려다니면서 술을 마신다. 힘들어서 마시고 외로워서 마신다. 그러나 그들은 순간을 함께하는 덧없는 술친구들일 뿐이다.

그날은 대사관에 갔다 온 날이었다. 다음 날이 주일이라 예배 준비로 바쁜 와중에 한인들이 왁자지껄 몰려왔다.

"그 양반 아프다면서 병원에 갔는데 그 뒤로 본 사람이 없습니다."

"가족은 있어요?"

"아뇨. 혼자서 살고 있었어요."

쉰여덟 살의 한인은 몇 년 전까지만 해도 가족과 함께 모리타니에 거주했지만 자녀 교육을 위해 아내와 아이들이 한국으로 가는 바람

에 홀아비 생활을 했다. 몇 년간 직장이 없어서 그야말로 동가식서
가숙 했다는 것이다. 병원에 뛰어가 보면 될 일도 다들 내게 미룬다.
보나마나 뒷수습을 해야 할 일이 기다리고 있을 게 뻔하기 때문이다.
고물 차를 끌고 병원에 가는 내내 마음이 무거웠다.

"혹시 한국 사람 하나가 아프다고 오지 않았어요?"

"마담, 저 방에 있어요."

그들이 가리킨 방은 시체를 넣어 놓는 방이었다. 문을 열고 들어
가 보니 병원에 올 때 입고 온 그대로 맨바닥에 뉘어져 있었다. 전화
를 하자 벨은 그의 옷 주머니에서 울렸다. 그는 비참하게 죽었지만,
한국 사람이라고 그나마 나은 대접을 받았다. 이곳 사람들은 죽으면
병원 마당에 쭉 누인다. 거적으로도 덮어 놓지 않아서 시체 위에 파
리가 앉고 개미가 기어 다닌다. 장례식은 단출하다 못해 허망하고,
무례하기까지 하다. 친지들이 와서 몇 시간가량 방치된 시신을 메고
가서 모래에 파묻으면 끝난다. 한 사람을 추억할 시간조차 주지 않
는 건 물론 한바탕 실랑이까지 벌이게 만든다. 시체를 인수받기까지
일곱 군데에다 도장을 찍어야 하는데, 뇌물을 주지 않으면 절대로
도장을 찍어 주지 않기 때문이다.

날이 덥다 보니 부패가 빨리 진행되어서인지 죽은 지 세 시간이면
장례까지 끝난다. 무엇을 해도 느린 이들이지만 장례만큼은 초스피
드로 처리한다. 이렇게 빨리 묻는 까닭은, 알라가 데려갔으니 육신은
쓰레기처럼 소용없다는 것이다.

그들은 시체를 묻을 때 관을 쓰지도 않고 눕히지도 않는다. 알라가 부르면 벌떡 일어나서 달려가기 좋은 자세, 그러니까 의자에 앉은 듯한 자세로 묻는다. 매장이 끝나고 나면 구덩이 위에다 묘비 대신 나무 한 그루를 심어 준다.

죽은 한국 사람의 처지는 막막하기 그지없었다. 그의 부인은 허리가 아파서 올 형편이 못 되었다. 그가 열흘 전에 취직했던 일본 하청 회사의 소장은 그런 사람은 일한 적이 없다고 모르쇠로 일관하며 열흘 치 일당조차 주지 않았다.

한국에 있는 부인은 시신을 화장해서 유골만 보내 달라고 했다. 그러나 모리타니는 화장 시설이 없을 뿐 아니라 법으로 화장을 금지하는 나라다. 예전에 중국 선원들이 시신을 사막에 싣고 가서 몰래 화장한 적 있었다. 나뭇단 위에 시신을 놓고 석유를 끼얹어 불을 붙이자 시신이 벌떡 일어난 것처럼 수직으로 뻣뻣이 서서 타닥타닥 타면서 팔은 팔대로 다리는 다리대로 떨어져 나갔다고 한다. 선원들이 기겁해서 삼십육계 줄행랑을 친 것은 물론이다.

어찌되었건 시신을 내가 인도해 왔으므로 장례도 치러 주어야 했다. 매장 말고는 대안이 없었으므로 당장 가톨릭 묘지 자리부터 사러 가야 했다. 나는 그의 가족이 와서 보았을 때 섭섭지 않게 장례를 치러 주고 싶어서 수의를 만들고, 관을 만들었다. 한국 교민들은 관을 드는 것조차 거부해서 결국 모두 우리 교인들이 했다. 심지어 어떻게 알았는지 빚쟁이들이 나를 찾아와 그가 살아생전에 빌려 간 돈을 갚으라고 해서 그것도 갚아 주었다.

'한국인 ○○○, 여기에 잠들다'라는 묘비명도 새겨 놓고 나무도 한 그루 심어 놓았다.

매년 2월 그가 죽은 날, 교인들과 함께 그의 묘비를 씻어 주고 무덤가에 심어 놓은 나무에 물도 주고 온다. 인간은 자신의 삶을 기억해 주는 사람이 있어야 외롭지 않은 법이다. 함께 술 마시고 노름했던 사람들은 그를 모두 외면했지만, 일면식도 없었던 모리타니 교회 사람들이 그의 마지막 길을 지켜 주고 지금까지도 그를 기억해 주고 있는 것이다.

주님은 절망에 빠진 인간을
절대로 그냥 두지 않는다

한 달에 한두 번 나는 수도인 누악쇼트에 간다. 그러다
보니 수도에 있는 한국인의 사정도 훤할 수밖에 없다. 어느 날부터
사람들이 믿기지 않는 이야기를 해 왔다. 수도에 살고 있는 한 한국
인 가정이 있는데, 가족 모두가 수갑을 차고 생활한다는 것이다. 수
도에 갈 때마다 그들을 찾았지만 내 눈에는 잘 띄지 않았다. 내가 그
가족을 발견했을 때는 그야말로 가족 모두가 죽기 직전의 참혹한 상
황이었다.

가장이 사업에 실패한 뒤부터 정신이 온전하지 않았는데, 너무 굶
다 보니 피해망상증에 걸려 버린 모양이었다. 사람들 말대로 그는
혹시라도 아내가 도망갈까 봐 자기 팔에 한쪽, 아내 팔에 한쪽 수갑
을 채워 놓아 화장실도 못 가게 만들었다. 죽더라도 함께 죽자는 것
이다. 두 아들은 그런 부모를 놓고 어디로 가지 못해 함께 살고 있었
다. 네 식구가 모두 초점 없는 눈으로 멍하니 벽만 보고 있었다. 숨만

붙어 있다 뿐이지 죽은 것이나 다름없었다.

　이들을 누아디부에 데려오고 싶어도 여건이 안 되었다. 무엇보다 가장인 남편은 나를 따라오려고 하지 않았다. 조그만 방 안에서 나가면 죽음이 기다리고 있는 양 절대로 나가지 않으려 했다. 그 가족을 설득하려 누아디부에서 누악쇼트까지 몇 차례 더 오갔다. 설득은 커녕 번번이 말조차 통하지 않았다.

　처음에 이들을 보았을 때는 월세를 못 내 쫓겨나기 직전이었지만 남의 집 창고 같은 곁방 안에라도 있었는데, 그 다음에 수도에 가서 이 가족을 찾았을 때는 아예 길거리에 나앉아 있었다. 비교적 정신이 온전했던 두 아들조차도 영양실조로 병을 얻은 건 물론 거의 정신을 놓아 버렸다.

　"이러다 우리 가족 모두 다 죽을 것 같아요. 아버지는 아무 말도 안 들어요."

　아들은 공포에 질려 울면서 한국에 가고 싶다고 했다.

　"내가 다음에 올 때는 귀국 서류를 만들어서 올게. 조금만 더 참자."

　나는 온갖 곳에 도움을 요청했지만 응답이 온 곳은 단 한 곳도 없었다. 이들을 그냥 둔다면 한 달도 안 되어 죽을 것이 뻔했다. 나는 한국에 있는 형제들을 수소문해서 이들의 비참한 사정을 알리고, 대사관을 찾아다니며 귀국 서류를 만들었다. 비행기 티켓까지 샀지만 그 다음이 문제였다.

　"여기를 떠나면 죽어. 안 가. 저리 가!"

"당신이 이러면 당신 부인이랑 아들까지 다 죽어요. 모든 준비가 다 되었으니 비행기를 타세요. 한국에 가면 동생이 나올 겁니다. 동생 기억 안 나세요, 동생?"

그는 귀국 준비가 끝났는데도 절대로 한국에는 가지 않겠다고 욕을 하며 뻗대었다. 그는 '우리를 죽이려고 비행기에 태운다'는 망상에 시달리고 있었다. 이들을 비행기에 태우기 위해 데리고 가서 씻기고 먹이는 것도 큰일이었다. 씻으려고조차 하지 않았기 때문이다.

'죽을 궁리를 하는 것도 아닌데 어떻게 저렇게 딱 죽을 길로만 갈까.'

인간의 이성이라는 것, 사고라는 것이 이렇게 허술하다는 것을 그를 보면서 새삼 깨달았다. 그가 한때 명민한 사업가이자 책임감 있는 가장이었다는 게 믿어지지 않았다. 우여곡절 끝에 마침내 그 가족을 비행기에 태우던 날, 비교적 정신이 온전한 아들에게 가족을 맡기며 당부했다.

"사는 길은 사람이 개척하는 게 아니라 하나님이 펼쳐 주시는 거야. 한국에 가자마자 교회부터 나가라."

"네. 꼭 그렇게 하겠습니다. 한국에만 간다면 제일 먼저 그렇게 할게요. 선교사님이 저희 가족에게 베풀어 주신 은혜 잊지 않겠습니다."

다시 깔끔해진 아들은 희망을 보았는지 정상인의 모습을 하고 있었다. 모리타니에서의 지옥 같은 삶을 떨쳐 버리고 다시 인간다운 삶을 회복하려고 할 때 가장 필요한 건 주님 아니겠는가. 한국에서의 삶도 강퍅하기로 따지면 모리타니보다 더하면 더했지 덜하지는 않을 것이었다. 아무것도 없이 빈손으로 들어가는 그들에게는 한국도 광야나 마찬가지일 것이었다.

그러나 그 뒤에 들려온 소식은 정말로 기적 같았다. 정신을 완전히 놓았던 가장이 다시 일을 하고, 아들은 대학을 졸업한 뒤 직장을 잡아서 작은 집까지 샀다는 것이다.

인간이라면 누구나 절망의 골짜기에 빠져 죽음 근처까지 내려갈 수 있다. 그러나 주님은 절망에 빠진 인간을 어떤 경우라도 그냥 두지 않는다는 것을 나는 이 가족을 보면서 다시금 확인했다.

금요일은 모스크 대신
한글학교 가는 날

　　모리타니는 전 세계에서 가장 좋은 문어 어장을 가지고 있다. 일본의 문어 가공 공장이 항구를 따라 늘어서 있었다. 이 공장에서 일하는 사람 대부분은 한국 선원으로 이 중에는 딸뻘 되는 모로코 여자와 결혼해 정착한 사람이 있었다. 엄마가 모로코 사람이다 보니 자녀들은 한글을 몰랐다.

　　생긴 건 딱 한국인인데, 한국인이 아닌 아이들. 그 다섯 명을 위해서 나는 금요일에 한글학교를 열었다. 모로코인 엄마 밑에서 살면 한글을 배우지 못하는 것뿐 아니라 하나님도 모르게 될 것이기 때문이다. 금요일은 모슬렘들이 모스크에 가서 예배를 드리는 날로, 모로코 여자들은 이날 모두 모스크에 간다. 엄마가 모스크에 가면 당연히 아이들도 따라갈 것 아닌가! 이렇게 되면 아이들은 모두 모슬렘으로 자랄 게 뻔했다.

　　아침 아홉 시만 되면 나는 각 가정을 돌며 아이들을 데려온다. 평소 아이들과 잘 놀아 주지 못하는 아빠를 대신해서 농장이나 바닷가 같이 아이들이 좋아하는 곳으로 데리고 간다. 그곳에서 실컷 놀다가 우리 집에 데리고 오면 배가 고프다고 칭얼댄다.

"김밥 먹고 싶어요."

아이들이 한국말을 곧잘 하게 되면서부터 먹고 싶은 음식을 내게 주문하기도 한다. 김밥이나 잡채 같은 한국 음식들을 만들어 주면 아이들은 환성을 지르며 식탁 앞에 앉는다. 이렇게 하루 종일 데리고 놀다가 세 시에 기도회를 한다. 기도회가 끝난 네 시부터는 아이들의 귀가를 준비한다.

"너희들이 뛰어놀거나 축구를 하면서 우리말을 배우는 오늘 하루 동안에도 하나님이 너희들을 돌봐 주신 거야."

"아멘! 아멘!"

재잘거리는 다섯 명의 장난꾸러기들은 언젠가 하나님 앞에 설 때 자신들과 태권도와 축구를 하던 할머니 선교사를 기억할지도 모른다. 아이들을 보내고 나면 한 사람의 영혼이 천하보다 귀하다는 말씀이 절로 마음에 새겨진다. 아이들과 뛰어놀거나 농장을 돌아다니다 보면 기운에 부쳐 가슴이 뛰고 다리에 힘이 풀리기도 하고 어떨때는 저혈당 증세가 나타나 풀썩 주저앉고 싶기도 하다. 하지만 다섯 명의 아이들이 모스크가 아닌 교회에 와서 하루를 보낸 데 감사를 드린다. 천하보다 귀한 영혼을 하나님 앞으로 인도하는 역할을 나에게 맡겨 주셨는데 어떻게 게으름을 피울 수 있겠는가.

Part 6.
마마,
우리 곁에
있어 줘요

하늘이 내신 아이

모든 생명은 하늘이 낸다. 나의 아들도 그런 축복 속에서 태어났다. 다만 18개월 이후부터 아빠에 대한 기억이 없다는 것이 늘 나의 가슴 한쪽을 아리게 한다. 늦게 본 자식이라 그런지 남편의 아들 사랑은 유별난 데가 있었다. 빨리 하늘로 갈 운명을 예감해서 그런 것일까? 남편은 아들을 땅에 내려놓지 않고 늘 품에 안고 다녔다. 남편 덕분에 아들은 내 품에 안길 틈이 없었다.

'사역지의 많은 일을 감당하려면 엄마 노릇을 제대로 못할 거요. 대신 내가 엄마 노릇까지 해 주겠소.'

남편은 말은 하지 않았지만 이런 마음이었던 모양이다. 낮 동안에는 아들을 혼자 건사하다 밤 열두 시가 되면 내게 맡겼다. 아들은 나를 닮은 모양인지 밤잠이 없었다. 아들은 밤만 되면 새까만 눈을 말똥말똥 뜨고 놀아 달라고 보챘다.

남편이 하늘나라로 간 이후 남자 견습 선교사가 올 때마다 삼촌이라고 부르면서 따라다니는 아이를 보면 가슴 한편이 무너져 내렸다. 아들에게 아버지의 자리는 채워지지 않는 빈자리였다.

"하나님, 저는 지금 아빠가 꼭 필요해요. 혹시 하나님께서 아빠가 필요 없으시면 돌려보내 주세요."

밤마다 아들이 하나님께 드리는 기도를 들으며 나는 눈물을 흘렸다. 아들은 아빠를 찾는 기도를 꼬박 1년을 드렸다. 아들이 여덟 살이 되자 나는 현실적인 질문을 했다.

"아빠가 새로 들어오면 너는 엄마랑 함께 자지 않고 따로 자야 하는데 괜찮겠니? 너에게는 새로운 아빠가 생기는 것이고, 그러면 엄마한테도 새로운 남편이 생기는 거야."

아들은 한참을 생각하더니 엄마와 지금처럼 살겠다고 했다. 돌아가신 아빠가 살아 돌아오지 않는다는 사실은 알면서도 그동안 아빠를 갖고 싶은 마음에 하나님께 떼를 썼다는 걸 인정한 것이다.

아빠가 없는 것도 서러운 일인데 아들 앞에는 더 험난한 광야가 펼쳐져 있었다. 아들이 학교에서 아프리카 아이들에게 왕따 당하는 것을 알면서도 나는 아무런 현실적 조치를 취하지 않았다. 만약에 선교사가 아닌 순수한 학부형 입장이라면 어떻게 했을지 모르겠다. 아프리카 아이들의 입장에서 보면 아들은 밥 세 끼를 다 먹을 수 있고, 자동차를 타고 다니며 피부색마저 달랐다. 무엇보다 아들은 모슬렘이 아니었다. 아이들이나 어른이나 다름을 인정하기란 어려운 일이다.

그러나 아들은 한 번도 힘들다는 내색을 하지 않았다. 아니, 엄마가 어떻게 살고 있는지 눈으로 보고 있기 때문에 내색하지 못했을 것이다. 건강하지 않은 몸으로 끊임없이 일을 해야 하는 엄마에게 무엇을 해 달라는 건 자신이 봐도 무리지 않았을까. 게다가 자신을 괴롭히는 아이들은 엄마가 인도해야 하는 길 잃은 양떼들이니…….

아마도 아들은 자신이 아프리카 아이들에 비하면 표현할 수 없을 만큼 축복받았다는 것을 알았을 것이다. 태어나자마자 흙바닥에서 뒹구는 아이들, 부모 대신 바람과 햇빛이 키워 주는 아이들, 수시로 두들겨 맞고 굶고 생존을 위해 매춘이나 도둑질을 배우는 아이들, 하나님을 모르는 아이들……. 그런 아이들에 비하면 자신은 선택받은 백성이라는 사실을 순간순간 실감할 수 있었을 것이다.

아들이 그렇게 생각했다 하더라도 아들에 대한 미안함과 애잔함은 내 몫의 십자가였다. 지나치게 빨리 철들게 한 것도 미안하고, 인간은 왜 이렇게 고통스럽게 사는지 질문하게 만든 것도 미안하고, 인간이 만들어 내는 혼돈과 부패를 너무 많이 보여 준 것도 미안했다.

아들이 열 살이 되던 가을, 파리프랑스장로교회 이극범 목사님이 아들을 몇 년간 자식처럼 키워 주겠노라고 연락해 오셨을 때는 아들에 대한 미안함에서 잠시나마 벗어날 수 있어 "할렐루야!"를 외쳤다. 목사님은 아들이 척박한 모리타니에서 자라는 것과 아빠 없이 사춘기를 보내는 것이 안쓰러웠던 모양이다. 나는 10년 동안 목사님을 단 두 번밖에 뵌 적이 없었다. 한 번은 결혼 초에 남편과 함께 파리에 들렸을 때였는데, 남편이 목사님 집 바닥에 물이 새는 것을 고쳐 주었다. 몇 년 뒤 남편이 죽고 혼자서 농장을 할 때 목사님이 오셨는데, 아들을 보더니 아이가 열 살이 되면 내가 키워 주겠노라고 하셨다. 나는 그 말씀을 잊고 살았는데, 7년 뒤에 내게 다시 말씀하신 것이다. 아들은 주저하지 않고 파리에서 학교를 다니고 싶다고 했다. 파리가 좋아서가 아니라 이곳이 그만큼 싫어서였다.

그런데 프랑스에 가서도 아들은 여전히 이방인이었다. 또 아프리카식 프랑스어 발음은 아들을 주눅 들게 했다. 날씬하고 하얀 프랑스 아이들은 뚱뚱한 유색인을 때리고 놀렸다. 아들은 이번에도 나와 목사님 그 누구에게도 그 사실을 말하지 않았다.

참고 견뎌야 한다는 것을 아들은 자신의 인생 전부를 통해서 배운 것이다. 나는 그것이 못내 아린데 아들은 그것조차 절대 내색하지 않는다. 하나님이 자신을 언제 어디서나 붙들고 계시다는 것을 알기 때문일 것이다.

새로운 식구

　모리타니에 살면서 알게 된 것 하나는 식구는 꼭 혈연으로 맺어지는 것이 아니라는 사실이다. 식구란 '같이 밥을 먹는 사람'이란 뜻이다. 식구야말로 혈연만큼이나 끈끈한 정으로 맺어진 관계다. 이극범 목사님은 아들을 친자식처럼 8년 동안이나 키워 주셨다. 딸을 키워 본 경험은 있으시지만 아들 키우기는 전혀 새로운 경험이자 도전이었을 것이다.

　나는 아들을 보내고 새로운 식구를 얻었다. 한국에 있을 때 알고 지내던 권사님의 딸이었다. 권사님이 일찍 세상을 뜨자 언니와 동생 둘만 남게 되었다. 언니는 엄마처럼 동생을 거뒀다. 그런데 엄마 같던 언니마저 병에 걸리자 동생은 대학 도서관 사서 일을 그만두고 언니 병구완을 했다. 병구완이 끝나자 새로운 삶을 모색하며 나를 찾아온 것이다.

　나는 그녀가 모리타니에서 살려면 말이 통하고 기술도 하나쯤은 있어야 할 것 같아서 몇 달 뒤에 다시 한국으로 보냈다. 1년 뒤에 그녀는 프랑스어도 조금 배우고 미용사 자격증도 따서 다시 모리타니로 날아왔다. 그 덕분에 미용실을 차려서 나와 식구처럼 살게 되었다.

아랍 여자들은 길고 찰랑찰랑한 검은 머리를 갖고 싶어 한다. 곱슬곱슬한 머리를 길고 찰랑찰랑한 머리로 만들어 주는 기술 하나만으로도 미용실은 꽤나 성황을 이루었다. 미용실이라고 해야 옹색한 공간에 의자 세 개를 놓은 것에 불과했지만 예약으로 손님들을 받을 정도였다. 워낙 가난한 사람들이다 보니 미용실을 이용할 수 있는 사람들은 누아디부에서 부유층에 속한다. 세 평짜리 미용실이 예약제로 운영되는 최고급 미용실이라면 한국 사람들은 웃겠지만 말이다. 나는 프랑스에 아들을 보낸 대신 한국에서 온 새로운 가족을 맞아 몇 년간 의지하며 보냈다.

그런데 프랑스의 목사님에게서 연락이 왔다.

"이제 엄마가 아들을 키우는 게 어떨까요? 아들이 더 크면 함께 있고 싶어도 그럴 수 없을지도 모릅니다. 곧 안식년이시니 아들과 함께 시간을 보내세요."

이제 목사님도 연로하신 데다 좀 쉬실 때가 되었다. 목사님의 제안에 나는 다시 아들을 맡게 되었다. 그러나 안타깝게도 안식년 준비를 하나도 해 놓지 않아서 평소와 다름없이 모리타니에서 일을 해야 했다. 목사님 곁을 떠나면 아들은 모리타니로 돌아오는 수밖에 없었다. 그러자니 이번에는 아들의 학교 문제가 걸렸다.

"엄마, 나 파리에 있으면 안 돼요? 1년만 더 있으면 되는데……."

"프랑스 법이 만 18세 미만은 절대로 혼자 두어서는 안 된다잖아. 로마에서는 로마법을 따라야지."

그때 구원병이 나타났다. 그녀가 미용실 문을 닫고 1년간 파리로 가서 있겠다고 선언한 것이다. 프랑스에서 언어를 배우면서 신학도 공부하겠노라고 했다.

이렇게 해서 이번에는 아들이 또 새로운 가족을 얻게 되었다. 누나도 아니고 이모도 아니고 엄마도 아니지만 그 모든 역할을 다 해주는 가족을!

나, 아들, 그녀 우리 세 사람은 모두 세상에서 한 사람씩 남겨진 사람들이다. 외로운 우리를 하나님은 서로 묶어 가족으로 만들어 주셨다. 가족이란 하나님이 주신, 서로 기댈 수 있는 사람들이 아닐까. 하나님을 경외하며, 하나님 말씀 안에서 서로 도우며 함께한다면 누가 가족이 아니라고 하겠는가. 살면서 겪는 어려움들을 가족이 힘과 마음을 모아 함께 극복할 때 특별한 은혜를 누릴 수 있다.

그녀는 내가 없을 때면 늘 모리타니를 지키고 있었다. 내가 잦은 병치레로 한국에서 수술을 받을 때마다 교회 일을 맡아서 처리해 주곤 했다. 하나님은 남편을 데려가는 대신 딸 같은 그녀를 주신 모양이다.

노란 달

살다 보면 자신이 하나님의 사랑을 받고 있다는 증거들이 넘치고 넘친다. 하나님이 나에게 목숨을 몇 개나 주셨는지 모르겠다. 이것은 아직 모리타니에서 하나님의 손을 대신해서 내가 해야 할 일이 많다는 뜻일 것이다.

어느 날부터 몸을 조금만 움직여도 어지러워서 픽픽 쓰러지곤 했다. 이를 본 아들이 놀라서 평소 형처럼 지내는 목사님에게 "우리 엄마 얼마나 살까요?"라고 물어볼 정도로 내 몸은 축이 나 있었다. 2006년, 한국에 나온 김에 병원에서 진료를 받았다.

"언제부터 병적인 피곤을 느꼈습니까?"

"한 1년 전부터인 것 같습니다."

"암이에요. 하루빨리 떼어 내는 게 좋겠습니다."

"당뇨 때문에 기력이 없는 게 아니었나요? 저는 지금 수술할 시간이 없는데요."

내가 너무 덤덤하게 남의 일처럼 받아들이자 의사가 놀랐다. 암은 담낭에서 시작되었는데, 다행히 크지 않아 항암 치료만 받고는 다시 모리타니로 갔다. 아들에게는 미안하지만 땅에서의 일이 끝나면 얼른 천국으로 가고 싶다. 그곳은 고통이 없는 곳일 뿐 아니라 사랑하는 남편이 있는 곳이니까 말이다.

다 사라진 줄 알았던 암이 다시 재발했는지 1년쯤 지나자 내 몸이 예전 같지 않았다.

'언제 죽을지 모른다면 내가 없더라도 꾸려 갈 수 있게 빨리 정리해야겠구나.'

'교회 천장에 비가 새는 데를 빨리 손봐야겠다.'

'센터를 인수인계하기 좋도록 정리해 놓아야겠다.'

당장 해결해야 하는 것들의 목록을 만들면서 하루하루 일을 처리해 나갔다. 그동안 내가 살아온 길을 추억할 틈마저 없었다. 눈을 뜨면 새벽 기도를 인도하고, 센터에 가서 일을 하는 등 일상에서 한 발자국도 벗어나지 않았다.

'주님, 감사합니다. 고통이나 슬픔 같은 인간적인 감정에 휘둘리지 않게 해 주셔서 감사합니다. 마지막 날까지 이렇게 주님의 일을 하다 가게 해 주세요.'

나는 하루하루가 지극히 평안했고 지극히 바빴다. 임종을 많이 본다고 해서 죽음에 대한 두려움이 없어지는 것은 아닐 것이다. 주님께서 부르시면 가고, 머무르라고 하시면 머무를 뿐이라는 믿음의 확신, 그 확신 덕분에 일상에 흔들림이 없었을 뿐이다.

그때 이미 자궁과 그 옆의 장기에도 암이 전이되어 있었던 모양이다. 그 사실을 아는 분은 오직 주님뿐이었다. 나는 첫 항암 치료를 받은 후 거의 1년이 지난 2007년 6월에야 수술할 준비를 끝내고 다시 한국에 나올 수 있었다. 한국에 나오자마자 쓰러지는 바람에 응급실에 실려 와 바로 수술실로 직행했다. 다섯 시간이면 끝날 것이라던 수술은 아홉 시간이 지나도 끝나지 않았다. 아들은 '이번에야말로 엄마를 잃는구나'라고 생각하고 있었다.

"자궁 쪽에서 노란 달 같은 것이 80개가 넘게 달라붙어 있었어요. 그것을 다 떼어 내느라 시간이 좀 걸렸습니다."

"자궁에 노란 달이 떴다고요?"

"이 와중에 농담이 나오시니 조금 있으면 퇴원해도 되겠습니다."

수술대에 오를 때는 지난번에 수술하지 않은 담낭만 떼어 내는 줄 알았는데, 자궁과 난소를 모두 떼어 내는 수술을 받았다. 나는 사막에 뜨는 노란 달을 좋아한다. 그 달을 너무 좋아하다 보니까 몸속에도 달이 뜬 것인지…….

노란 혹들을 떼어 내고 나자 몇 년간 나를 괴롭히던 어지럼증이 거짓말처럼 없어졌다. 그것만 해도 '이제 살 것 같다'는 환성이 나올 정도로 큰 축복이었다.

하지만 그 순간부터 몸의 나이가 서른 살쯤은 더 먹은 것 같이 힘이 없어졌다. 하룻밤 사이에 체력이 약해져 버린 듯했다. 조금만 움직여도 무릎이 풀려 주저앉았다. 계단을 올라가다가도 가운데서 주저앉아 버렸다. 거뜬히 들 수 있으리라고 생각하고 "그것 좀 줘"라고 말해 놓고는 받아 들지 못했다. 충분히 걸어갈 수 있으리라고 생각한 거리를 반의반도 못 갔다. 조그만 호박 하나 들 힘조차 없었다.

모리타니로 가면 간병해 줄 사람은커녕 쉴 틈도 없을 텐데도 나는 빨리 모리타니로 가고 싶었다. 약봉지조차 들고 갈 힘이 없어 공항에서 짐으로 부치면서 하나님께 여쭈었다.

"주님, 약봉지도 못 드는 저를 어디에 쓰실 건지요?"

만약에 내가 살고 있는 곳이 모리타니가 아니라 일반 사회라면 어떻게 되었을까? 힘이 없어서 청소하는 아줌마도 되지 못했을 것이다. 먹고 입히실 뿐 아니라 삶에 의미까지 주시는 하나님께 감사를 드렸다.

모리타니의 노을은 여전히 붉었고, 노을이 지자 눈부시게 노란 달이 떴다. 그 달을 보자 '주님, 이제 쉬고 싶어요'라는 말이 쏙 들어갔다. 하늘로 가는 문 앞에 두 번이나 섰지만 주님은 불러 주시지 않았다. 그 덕분에 나는 여전히 사막의 달을 보고 "오늘은 더욱 아름답다"라고 탄성을 지르고 있는지도 모른다.

지금이라는 기적

'지금 살아 있는 것 자체가 얼마나 기적인지 모릅니다.'

사회보장이나 의료가 잘된 한국 사람들에게 이 말을 하면 깊이 공감하는 사람이 몇 없을 것이다. 그러나 모리타니 사람들은 바로 "아멘!"이 터져 나온다.

비가 와서 죽고, 일하다 쓰러져서 죽고, 걸어가다 일사병 걸려서 죽고, 굶어 죽고, 에이즈에 걸려 죽고, 옆집에 불이 나서 죽고, 작은 상처가 났을 뿐인데 면역력이 없다 보니 패혈증에 걸려서도 죽는다. 죽음은 늘 가까이 있고, 호시탐탐 생명을 노리고 있다.

몇 년 전 크리스마스를 앞둔 그날도 그러했다. 모두가 외출한 틈을 타서 교회의 천장이 갈라져서 한쪽이 무너져 내렸다. 모리타니에는 제대로 된 건물이 없다. 교회 건물이라고 예외는 아니다. 이 건물을 지을 때 바닷모래를 써서 지은 까닭에 콘크리트 강도가 무척 약하다. 그러다 보니 여기저기서 금이 가고, 심한 곳은 바삭바삭 무너져 내린다. 그런 탓에 2년에 한 번은 대대적으로 공사를 해야 하는데, 그 공사를 한국처럼 집주인이 해 주지도 않는다. 이곳에서는 목마른 사람이 우물을 파야 한다.

비가 새는 천장은 시멘트로 막고, 위에다가 역청을 발라 방수 처리를 했다. 그 위에다 하얀 유성페인트를 바르면 열이 복사되어 조금 덜 뜨겁다. 이렇게 천장, 지붕, 벽, 기둥을 고쳐 가면 콘크리트의 강도가 조금 세지기는 한다. 하지만 원체 불량이라 제대로 된 강도가 나오지는 않는다.

질이 좋은 건축자재는 수입품 말고는 눈 씻고 찾아봐도 없다. 모리타니에도 시멘트가 내륙에서 생산되기는 하지만 세계에서 둘째가라면 서러울 정도로 질이 나쁘다. 한국과 같은 품질의 시멘트나 페인트, 모래는 상상도 할 수 없다. 고친 데 또 고치며 땜질을 무수히 반복하며 살다 보니 천장은 마치 모자이크를 해 놓은 것 같다. 허드렛일은 교인들이 하지만 콘크리트를 바르는 건 전문 미장이가 와서 했는데도 그러하다.

게다가 우리 교회는 한국의 다른 교회가 와서 지은 건물이다. 아무리 날림으로 공사를 했다 해도 모리타니의 다른 건물과는 비교할 수 없이 좋다. 빈민가는 램프가 엎어져 한 집에서 불이 나면 순식간에 수십 채가 화염에 휩싸이고, 폭우에 집이 무너지기도 하니까 말이다.

비가 오면 잠도 못 자고 기도한다. 모든 사람들이 아무 탈 없게 해 달라고, 교회가 무너지지 않게, 교인들의 집이 무너지지 않게, 내륙에서 사람이 죽지 않게 해 달라고 말이다. 아침이 되면 비와 함께 벼룩이 벽의 틈으로 들어와서 카펫에 촘촘히 박혀 있다. 카펫을 터느라 밖에 나가 보면 집집마다 사정은 마찬가지다. 왁자지껄하게 카펫을 털고 있다.

"하나님, 천장이 떨어져서 교인들이 다치면 안 됩니다." "기둥이 무너지지 않게 해 주세요." "벽이 쩍쩍 갈라지지 않게 해 주세요." "비를 따라 들어온 이와 벼룩에 물려 죽지 않게 해 주세요."

내가 매일 빼놓지 않고 기도하는 것 중 하나가 우리 교인들이 죽지 않게 해 달라는 것이다. 그리고 또 하나, 예배드릴 수 있는 성전에 탈이 생기지 않게 해 달라는 기도다.

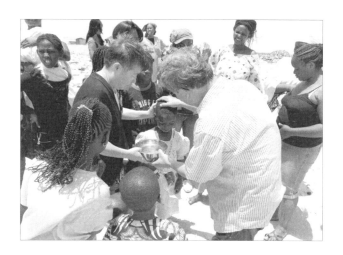

심장 유효기간

부활절이 얼마 남지 않은 주일이었다. 쪼그리고 앉아 교인들의 발을 씻겨 주는데 가슴이 답답해지면서 숨 쉬기가 힘들었다. 내 영혼은 기쁨에 차서 할렐루야를 외쳐도 내 몸이 고물 자동차처럼 말을 안 들었다. 호흡도 힘들었고, 온몸에 힘이 하나도 없어서 발을 씻길 물조차 들지 못했다. 누군가 내 가슴에 손을 쑥 집어넣어 심장을 쥐어뜯는 듯했다.

'교인들이 제 똥차를 뒤에서 밀어 주듯이, 주님도 저를 힘껏 밀어 주십시오.'

그렇게 하루하루 간구하며 보내던 중이었다. 며칠 뒤 주일에 설교를 하는데, 팔은 강대상을 잡고 있지만 몸은 점점 주저앉았다. 이러다 정신을 잃고 혼절하겠다 싶을 만큼 눈앞이 캄캄하고 숨이 가빠왔다. '주님, 저를 지금 데려가신다면 기쁘게 따라나서겠습니다.'

나는 얼른 주변 정리를 시작했다. 고통 없는 천국에 가는 것은 기쁜 일이지만 누군가 남아서 나의 뒤처리를 할 것을 생각하면 조금 막막해졌다. 신변 정리를 하는 데만 꼬박 석 달이 걸렸다. 마음 같아서는 일주일, 혹은 열흘이면 끝날 것 같은 정리가 빡빡한 일과 탓에 점점 미뤄졌다.

7월 초, 마침내 나는 한국행 비행기에 몸을 실었다. '눈부시게 흰 모리타니의 모래언덕을 보는 것도 이번이 마지막일 수 있겠구나.' 눈이 부셔 찡그리면서도 지상에서 눈을 떼지 못했다.

한국에 도착한 뒤 광주의 한 작은 병원에서 죄어든 심장 혈관을 넓히는 수술을 받았다. 병명은 심근경색이었다. 지상에서의 내 삶이 얼마나 곤고한지 수술 뒤에 깨달았다. 나에게는 간병해 줄 남편도 자식도 어머니도 없었다. 퇴원하자마자 나는 일산으로 가서 몸을 추스를 계획을 짰다. 나는 눈물이 많은 사람이었는데, 어느 순간 눈물이 말라 버린 사람이 되어 있었다. 나에게 한국은 이미 만리타향이었다. 수술하다 못 깨어날 것을 대비해서 수술비 전액을 미리 결제하고 수술받는 곳, 내가 사랑하는 사람들이 묻힌 땅일 뿐이었다.

회복하는 동안 나의 보살핌이 필요한 사람들이 꼬리에 꼬리를 물고 떠올랐다. 나를 마마라고 부르는 사람들 생각이 간절했다. 나를 필요로 하는 사람들이 있는 곳이 바로 나의 고향이 아니겠는가. 마음 같아서는 당장 모리타니로 달려가고 싶은데, 신경 쓰는 것이 많아 그랬는지 회복 중에 다시 한 번 쓰러졌다. 막힌 심장 혈관은 한 군데만이 아니었다. 깨어나 보니 백병원 응급실에 와 있었다. 의사는 지금 당장 수술 준비를 해야 한다고 했다.

'하나님, 일꾼이 신통찮아 다시 수술을 해야 합니다. 제가 회복해서 다시 일을 할 수 있을 때까지 길 잃지 않게 잘 지켜 주시옵소서.'

나이 탓인지 쇠약한 탓인지 회복은 참으로 더뎠다. 마르고 약해져 버린 내 몸에 측은지심이 들었다. 바람이 불면 이리저리 쓸려 다니다가 쓰러질 것만 같았다. 그러나 지푸라기 같은 몸이라도 하나님이 숨을 불어넣어 주시자 다시 움직이기 시작했다.

'남은 내 인생은 하나님께서 덤으로 주신 인생이야.'

모리타니에 돌아와 보니 다행히 교회는 마치 어제 집을 비운 것처럼 그대로였다. 서운한 마음이 들 만큼 일꾼들과 교역자들이 무덤덤한 표정으로 나를 맞아들였다. 집에 와서 보니 생과 사를 넘나들던 그간의 시간이 마치 하루 같았다.

다시 돌아온 것에 감사하며 나는 다시 부엌으로 가서 저녁을 준비했다. 감사하게도 아무것도 아닌 일로 투닥거리고, 언성을 높이는 일상으로 돌아가 있었다.

교회는 그동안 아무도 죽지 않았다. 몇 년 전에는 1년에 서른두 명이 죽어 나갔는데 다섯 달 동안 한 명도 아프지도 않고, 한 명도 죽지도 않았다니 이것이야말로 기적이었다! 내가 혹시 죽기라도 할까 봐 교인들은 기도하는 일 외에는 아무 일도 벌이지 않았다. 물가에 내놓은 아이들처럼 움직였다 하면 사고가 일어나는데, 아무런 일도 일어나지 않았다는 것 자체가 놀라웠다.

예배 시간에 심장에 스텐트를 두 개나 박은 나의 상태를 교인들에게 설명해 주었다. 나는 이제 덤으로 사는 인생이란 것도 더불어서 말했다.

"저를 다시 이곳에 보내 주신 것만 봐도 하나님이 살아 계시지 않습니까?"

"할렐루야!"

그제야 교인들은 눈물을 흘리며 다시 만난 기쁨을 표현했다.

나는 아프리카에 와서 확인한 또 하나의 기적, 그러니까 내가 없어도 교회가 평안한 것에 대해서는 함구했다. 그것은 하나님이 내게 주신 선물이었기 때문이다. 나는 수술과 지루한 회복 기간을 통해 '하나님의 은혜를 무엇으로 보답할꼬'라는 첫 마음을 회복했다.

하나님, 달리기 대회
나가게 해 주세요

모리타니 사람이라면 잘하는 것이 있다. 바로 달리기다. 이 나라 사람들은 모랫길을 지치지도 않고 잘도 걷는다. 모랫길을 걸어 본 사람은 그 길을 걷는 게 얼마나 어려운 일인지 잘 안다. 한 발짝 걸을 때마다 모래에 잡힌 발목을 빼내느라 다리에 힘을 잔뜩 주어야 한다. 나는 사막을 걷는 것이 아직도 힘들다. 조금만 걸어도 다리에 힘이 풀려 주저앉곤 한다.

유연하고도 힘이 좋은 긴 다리! 그 다리로 잘할 수 있는 게 무엇인지를 나는 늘 생각하곤 했다. 세계적인 육상 선수들이 모리타니에서 나오지 말란 법이 없지 않는가! 운동화도 없어 맨발로 달리기를 연습한 케냐 선수들이 마라톤에서 우승하는 걸 나는 감격에 찬 눈으로 지켜보곤 했다. 시간이 갈수록 '그래, 우리 아이들이라고 못할 건 없지'라는 마음이 들었다.

"주님, 달리기를 훈련시켜서 세계 대회에 나가면 어떨까요?"

아이들을 위해 기도드릴 때 마지막에 살짝 덧붙여 주님께 묻곤 했다.

혹시나 선수가 될 재목은 없는지 바닷가에서 아이들을 데리고 달리기를 하면서 지켜보기도 했다. 하나님이 보시기에 꽤나 웃기셨던 모양이다. "너는 너무 처음부터 너무 큰 걸 바라는구나"라는 음성이 바람결에 들리는 듯했다. 아이들을 데리고 축구를 하면서 달리기든 축구든 하나님이 보시기에 좋은 것을 해 주시라고 기도했다.

그런데 하나님은 상상도 못한 다른 선물을 주셨다. 장애인 센터로 2012년 9월쯤 한 통의 전화가 왔다.

"이번에 한국에서 스페셜올림픽이 열리는데, 마담이 가서 모리타니를 좀 알려 주고 오면 어떻겠습니까?"

"스페셜올림픽이라고요?"

세계 대회 운운한 내 기도에 대한 응답으로는 기상천외했지만, 그것이 또 주님의 유머 아니겠는가! 부랴부랴 인터넷으로 검색해 보니 2013년 1월 29일, 평창에서 제10회 스페셜올림픽이 열린다고 했다. 스페셜올림픽이란 지적장애인들의 스포츠 축제인데, 존 F. 케네디 전 미국 대통령의 여동생이자 사회운동가였던 유니스 케네디 슈라이버가 1968년에 창설한 대회로 올림픽처럼 동계와 하계로 나뉘어져 있었다.

'뜨거운 태양과 하얀 모래밖에 모르는 아이들에게 흰 눈을 보여 줄 수 있는 기회구나.'

그동안 하나님이 창조하신 이 세상이 얼마나 아름다운지, 얼마나 넓은지, 그 안에서 얼마나 많은 의미 있는 일을 할 수 있는지 알려 주고 싶은 마음은 간절하지만 장애를 가진 아이들에게 낯선 세계를 보여 줄 기회를 얻는다는 것은 그야말로 사막에서 바늘 찾기였다. 그러나 주님은 성한 아이보다 장애를 가진 아이에게 먼저 기회를 주셨다. 감히 그런 기도를 드리는 것조차 꿈꾸지 못했는데…….

나는 그날로 바로 스페셜올림픽 모리타니 대표단 단장이 되어 수도로 가서 선수 선발부터 관여하게 되었다. 그동안 교육을 받은 적도 없고 집에만 있어 온 장애아들이 어리둥절한 표정으로 모여 있었다. 놀랍기는 부모들도 마찬가지여서 삼삼오오 짝을 지어 나의 일거수일투족을 지켜보고 있었다.

내가 몸담고 있는 장애인 센터 아이들은 여기에 모인 청년들에 비하면 소수의 특권층이었다. 어찌되었건 그들은 옆에서 누군가 말을 걸어 주고 노래도 가르쳐 주고 대소변도 치워 주니까 말이다. 나는 장애 청년들을 둘러보며 기저귀를 차지 않는 사람들로 선별했다. 말귀를 너무 못 알아듣는 경우도 제외했다. 규칙을 인지할 정도는 되어야 경기에 참여할 수 있기 때문이다. 호적이 없어 여권을 못 만드는 경우도 제외했다. 그리하여 뽑히고 뽑힌 선수가 빌라리, 모이, 시디, 그리고 모하메드였다.

스페셜올림픽이 경쟁보다는 화합, 메달보다는 참가에 의미가 있다고 하지만 나는 이왕 하는 것 잘해 보고 싶었다.

"선수들 현지 적응 훈련을 시켜야 하지 않을까요?"

적응 훈련이라야 가족과 떨어져 사는 훈련이다. 이들은 평생을 가족 말고 다른 사람과 지내 본 경험이 없었다. 나는 뽑힌 선수들을 누아디부의 장애인 센터로 데려와 보살폈다. 이들은 차가운 눈 대신 뜨거운 모래 언덕에서 하루에 세 시간씩 슈즈도 없이 스키 타는 훈련을 했다. 잘 먹이는 것만으로도 체력이 회복되어 하루가 다르게 실력이 늘었다. 그 사이 나는 정부 관계자들을 설득해 파리에서 신형 스노잉슈즈를 켤레당 175유로나 주고 네 켤레를 샀다.

올림픽을 일주일쯤 앞두고 한국에서 보내 준 티켓으로 네 명의 선수와 나는 마침내 한국행 비행기에 몸을 실었다. 이제는 최선을 다해 아이들에게 새로운 세상을 경험하게 해 주는 일이 남아 있었다.

마마,
모래가 차가워요

산과 들이 흰 눈에 덮인 한국의 겨울은 아름답다.

"마마, 여기는 모래가 차가워요."

눈 덮인 평창의 산을 보고 스무 살이 넘은 청년들은 고향 모리타니를 떠올렸다. 태어나서 사막 밖으로 나가 본 적 없는 그들은 산을 모래언덕으로 생각했다. 그들을 보면 '보는 만큼 생각하고, 생각하는 대로 살아간다'는 말이 실감 났다.

"저건 모래가 아니라 눈이야, 눈! 봐, 하늘에서 내리지?"

"어떻게 하늘에서 하얀 게 떨어지죠?"

"저건 눈이라는 거야. 손으로 만지면 차가우니까 만지지 말고, 절대로 먹지 마. 너희들이 사는 곳은 더운 바람만 불지만 여기는 이렇게 추운 바람도 불어."

하늘에서 흰 눈이 떨어지기 시작하자 그야말로 태어나서 처음 본 광경에 눈이 동그래졌다. 비야 아주 가끔이긴 하지만 모리타니에서도 오는데 이렇게 하얀 눈이 소담스럽게 오는 건 꿈에도 보지 못했던 풍경이었을 것이다. 아이들은 신발에 눈이 들어가자 연신 차가워서 비명을 질러댔다. 큰 손에 얼굴을 묻고 발이 시리다며 엉엉 울기까지 했다.

"우리 아버지 나빠. 나쁜 운동화를 신겨서 보내다니!"

"운동화 탓이 아니야. 눈은 원래 차가운 거야."

그들은 태어나서 가장 좋은 신발을 사 신고 왔지만, 눈이 들어가서 젖자 불평이 터져 나왔다. 1년 내내 '끔찍하게 더운 계절'과 '그냥 더운 계절' 딱 두 계절뿐인 모리타니를 떠나와 차디찬 한국의 겨울 날씨를 겪게 될 줄이야. 젖은 운동화를 갈아 신길 요량으로 얼른 강릉으로 가서 새 운동화를 사고, 팬티도 몇 개씩 더 사 가지고 왔다.

장갑도 사고 내복도 샀지만 청년들은 춥다며 방에서 꼼짝도 하지 않으려고 했다. 눈길에서 한두 번 미끄러지고 난 뒤부터는 눈길 나서기를 두려워했다. 나이는 서른 살에 가까워도 지능은 일곱 살짜리 아이였다.

이들의 선수촌 생활은 무엇을 하든 상상을 뛰어넘었다. 내복이 바지인 줄 알고 내복만 입고 복도를 돌아다니거나 로비가 있는 아래층까지 내려가서 말 그대로 주변 사람들을 식겁하게 만들었다. 모리타니에서처럼 팬티를 안 입었으니 보는 사람이 민망해서 얼굴을 돌렸다. 내복이 편한지 틈만 나면 내복만 입고 밖에 나가려는 청년들을 앉혀 놓고 "이건 속에 입는 옷이야"라고 설명했다. 그러나 속에 옷을 입어 본 적이 없는 그들은 여전히 이해하지 못했다. 아무리 설명해도 통하지 않자 급기야 이런 명령을 내렸다.

"이 옷은 입고 절대로 밖에 나가면 안 된다."

저녁만 되면 나는 아이들을 좀 더 멋있고 깔끔하게 보이게 하려고 옷을 다 벗긴 채 씻겨서 방에 들여다 놓은 다음 빨래를 했다. 빨아 놓은 내복과 팬티는 따뜻한 방 덕분에 다음 날 아침이면 어김없이 바삭바삭하게 말라 있었다. 마마로서 올림픽 기간 내내 뒤치다꺼리하느라 한시도 쉴 틈이 없었다.

8일간의 올림픽 기간 동안 아이들은 동에서 번쩍, 서에서 번쩍 하며 사고를 치고 돌아다녔다. 아이들은 경기에 참가하고 메달을 따는 것보다 이 신기한 환경을 마음껏 만끽하는 것이 더 중요해 보였다. 그들은 사실 메달이 얼마나 좋은 것인지조차 몰랐을 것이다. 나는 우리 아이들이 딴 메달이 금메달인지 동메달인지조차 모를 정도로 정신이 없었지만, 이번 올림픽에서 좋은 성적을 거둔 덕분에 이번에 오지 못한 다른 많은 아이들에게도 기회가 생겼다. 모리타니 정부 관계자들이 이라크에서 열리는 하계 올림픽에도 나가자고 한 것이다.

빈민촌의 희망인
우등생 이스마일

코카콜라 캔을 밟아 우그러뜨린 공으로 축구를 하던 아이들. 그런 아이들 중에서도 대학을 졸업하고 취직한 아이가 생겼다. 상상도 못했던 일이 눈앞에서 일어날 때 사람들은 기적이라고 말한다. 빈민촌 바그다드는 축복의 통로로 기적이 매일 일어나는 동네다.

바그다드 아이들은 바그다드에 센터가 세워지기 전까지는 교회에 다니는 것이 무척이나 힘들었다. 수중에 돈이 한 푼이라도 있으면 빵을 사 먹는 데 쓰지 않고 교회에 오는 차비로 썼다. 여러 명이 돈을 모아 택시를 타고 오기도 하고, 몇 시간이고 서서 차를 태워 줄 마음씨 좋은 사람을 기다리거나 그마저 없으면 걸어서라도 교회에 왔다. 이스마일은 한 번도 예배를 빠진 적 없는 신실한 아이였다.

이스마일이 취직했다는 소식은 스페셜올림픽 일로 한국에 나와 있을 때 듣게 되었다. 대학 졸업과 동시에 공무원이 되었다는 것이다.

'하나님, 감사합니다. 이제 이스마일이 밥은 굶지 않겠습니다.'

이스마일은 센터에서 지원하는 아이들 중의 하나였다. 공부를 잘하는 아이들은 장학금을 주어 공부를 계속하게 했다. 장학금은 가족에게 주지 않고 학교로 바로 보냈는데, 그렇게 해야 가족들이 장학금을 엉뚱한 데 쓰지 못하기 때문이다. 학교에 다닐 때는 용돈을 벌게 하기 위해 바그다드 센터에서 사무보조를 맡겼다.

이스마일은 어릴 때부터 몸이 무척이나 약했다. 고등학교 다닐 때는 의자에서 일어서거나 길을 가다가도 이유 없이 픽픽 쓰러졌다. 한국 같았으면 정밀 진단을 받았겠지만 이곳에서는 비타민제 처방이 전부였다. 아이들이 아픈 원인은 대부분 영양실조기 때문에 비타민제는 아프리카에서 만병통치약이었다. 이스마일도 다른 아이들처럼 머리와 피부가 부스럼투성이였다. 단백질과 비타민이 모자라면 유독 부스럼이 많이 난다. 190센티미터나 되는 기린 같은 아이가 몸무게는 57킬로그램밖에 안 나가다 보니 사막에서 강한 먼지바람이 불기라도 하면 간들간들 흔들리다 날아갈 것 같았다.

모리타니에서는 중학교와 고등학교만 어떻게든 나오면 대학 학비는 공짜다. 문제는 먹고살 길도 막막한 가족들이 아이들을 중학교와 고등학교에 제대로 보내지 않는다는 것이다. '움직이면 돈'이라는 말을 이곳에서는 뼛속 깊이 실감할 수 있다. 걸어 다닐 만한 곳에 학교가 있는 게 아닌 데다 한국처럼 급식을 주는 것이 아니어서 차비며 밥값 같은 용돈이 필요했다. 공책이나 연필 같은 학용품도 한국에서

처럼 쉽게 살 수 없다. 센터에서 학비를 지원할 때 등록금뿐 아니라 용돈까지 지원해야만 아이들이 학교를 제대로 다닐 수 있다.

"마마, 저 이번에 1등했어요!"

아이들은 성적표를 머리 위로 흔들며 센터로 달려오곤 했다. 모든 아이에게 다 학교를 다니게 할 수는 없는 노릇이라 성적 우수자만 학교에 보내 줬다. 한국처럼 기회가 저절로 주어지지 않다 보니 아이들은 기회의 소중함을 알고는 열심히 노력하는 기특한 모습을 보였다.

물리를 전공한 이스마일은 이제 일곱 형제의 가장 노릇을 해야 한다. 이스마일의 취직은 가족들에게 복음과 같은 소식이다. 가족들 중에도 이제 이스마일처럼 대학에 갈 아이들이 생길 것이다.

이스마일은 여전히 말라깽이 기린 같지만 예전에 비하면 살이 많이 붙었다. 이제는 바람에 날아갈 걱정은 안 해도 되니까. 이스마일의 가족에게 하나님은 어떤 기적을 내리실지 기쁘게 지켜볼 생각이다.

오른손과 왼손

내가 모리타니에 온 이후 하나님께서 나를 통해 정말 많은 것을 변화시켜 놓으셨다. 메마르기만 했던 땅인 모리타니에 하나님께서 베푸신 역사들을 되새겨 볼 때면 가슴이 벅차오른다. 그러나 여전히 이 땅은 영적 황무지다. 요즘도 사람들에게 복음을 전하러 길을 나설 때면 긴장감에 가슴이 죄여 온다.

나는 전도하러 갈 때 두 사람을 데리고 가는데, 두 사람 중 한 명은 크리스천이고 다른 한 명은 크리스천이 아니다. 크리스천이 아닌 사람은 동료가 크리스천인 것을 모르게 한다. 그는 다만 나와 간단한 의사소통만 가능하면 된다. 이쯤 되면 노방전도인지 스파이 작전인지 구분이 안 갈 것이다. 전도는 스파이처럼 충분히 조심해야 한다. 전도를 하되 전도가 아닌 것처럼 해야 한다. 우리의 목숨이 위태로울 뿐 아니라 자칫하면 우리와 접촉한 주변 사람들에게 그 화가 미치기 때문이다. 당연히 화가 한번 미치면 전도하기 더 어려워진다.

아직도 내가 복음을 들고 내륙으로 드나들 수 있다는 건 그 누구에게도 고발당하지 않았다는 증거다.

　게다가 이슬람 국가에서는 전도하는 사람 사이에 종교 경찰이 섞여 있게 마련이다. 이 나라 사람들도 종교 경찰이 누구인지 모른다. 그들은 비밀스럽게 활동하며 언제 어디서 출몰할지 알 수 없다. 내가 늘 물건을 사는 과일 가게 할아버지나 구멍가게 주인이나 쌀집 주인이 종교 경찰일지도 모른다. 설령 종교 경찰이 고발하지 않았더라도 이유 없이 고발당해 잡혀갈 수 있다. 내가 사소한 것으로 그들의 자존심을 건드리기라도 하면 가차 없이 고발당한다.

　이방인들은 나를 크리스천이지만 좋은 사람이라고 생각한다. 이런 평판을 얻기까지 10년이 걸렸다. 그들은 비록 내가 '교회 마담'이지만 친구가 될 수 있고 자신들의 처지를 이해해 주는 사람이라고

생각한다. 그러나 종교 문제에 있어서는 완강하다. 수천 년 전부터 그들은 모슬렘이었고, 그렇기 때문에 그물코 같이 작은 말이나 행동 하나가 그들의 신앙을 건드릴 때 그들은 고소한다. 종교법정에 서면 기독교인들은 사형을 면치 못한다. 사형이 아니더라도 쥐도 새도 모르게 없어질 수 있다.

'빗방울이 돌을 닳게 만들듯이 그들의 문지방이 닳을 때까지 완곡하게 다가가게 하소서.'

전도하러 갈 때, 크리스천들에게 우호적이지만 아직 세례는 받지 않은 사람을 데려가는 이유는, 모슬렘의 입장에서 이야기를 듣기 위해서다. 그들은 모슬렘의 생리를 잘 알기 때문에 오히려 크리스천보다 사람들을 더 잘 변화시킬 수도 있다. 반면 세례를 받은 사람은, 어제까지 모슬렘이었다고 해도 세례를 받는 순간 완전히 다른 사람이 되기 때문에 오히려 모슬렘들을 이해하지 못하고 정죄하는 일이 벌어질 수 있다. 무엇보다 분명한 것은 세 사람 앞에는 한 치 앞을 알 수 없는 암흑의 바다가 드리워져 있으며 우리는 그 바다를 무사히 건너가야 한다는 사실이다.

성경책을 읽을 수만
있게 해 주세요

당뇨는 내 몸을 조금씩 쓰러뜨리고 있다. 나는 지금 눈이 점점 안 보여 성경도 읽지 못할 지경이다. 눈은 물론 허리도 수술해야 하는 상황이다. 한국에 갈 때마다 병원에 가면 줄기에서 고구마 끌려 나오듯이 여기저기 아픈 곳이 새로 발견된다. 그 바람에 병원에 가는 것이 상당한 스트레스다. 게다가 안 아픈 데가 없다 보니 의사가 "입원합시다"라고 말할까 걱정되어 병원에 가는 게 그 무엇보다 싫다. 나는 지금 당장 하나님이 데려가시더라도 "감사합니다"라고 말할 수 있다. 천국에 가면 더 이상 육신이 아프지 않을 테니까!

그러나 아들의 소망은 엄마가 다른 엄마들처럼 자신과 사는 것, 이왕이면 평균수명까지 사는 것이다. 아들은 말은 안 하지만 엄마가 오래 살지는 못할 것이라고 짐작하고 있다. 나는 모리타니를 떠날 때는 다시 모리타니로 올 수 있을까를 생각하고, 한국을 떠날 때는 이곳에 다시 올 수 있을까를 생각한다. 언제부터인가 비행기 티켓을

왕복으로 끊지 못할 정도로 삶을 기약할 수 없게 되었다.

내가 한국에 있을 때면 나를 마마로 부르는 사람들은 수시로 나에게 전화해서 "마마, 언제 와요?"라고 묻는다. "이제 마마가 필요 없잖아. 안 가면 안 될까?"라고 농담이라도 하면 계속 아이들처럼 "안 돼요!"라고 보챈다. 모리타니 교회는 언젠가는 교인들의 손으로만 꾸려 가는 날이 올 것이라고 언질을 주는데도 말이다.

젊은 날에는 교회를 운영하기 위해서 그야말로 닥치는 대로 일을 했다. 할 수 있는 일은 무엇이든 할 만한 체력이 있었다. 한국인 선장 중에 강도를 만나 칼에 찔린 사람이 있었는데, 그가 우리 집에서 하숙을 요청한 적이 있었다. 교인들이 들락거리는 데다 경찰이 예의주시하고 있어서 안전을 도모하는 데는 금상첨화라고 판단한 것이다. 하숙을 치면 교회 운영비를 마련하는 데 도움이 될 것 같아서 덜컥 여섯 명의 숙식을 자청하기도 했다. 교회 일을 하면서 짬짬이 하루 세 끼 밥을 챙기고 빨래하는 것이 보통 일은 아니었다. 임신했을 때도 부른 배를 안고 쪼그리고 앉아 작업복 빨래를 했다. 그렇게 아홉 달 동안이나 하숙을 친 뒤에는 농장을 했다. 후원이 거의 없는 교회가 자립할 수 있는 길은 엄마처럼 모든 일을 하면서 사는 것뿐이었다. 엄마는 어떤 경우에도 자식만은 굶기지 않고, 좋은 것을 해 주려고 최선을 다하지 않는가.

신기료장수나 생선 장수를 하던 교인들 중에는 어느덧 번듯한 사업을 하는 사람도 생겨났다. 주일에 교인들의 차가 주차되어 있는 모습을 보면 가슴이 뛴다. 가장 가난한 사람들이 모인 교회인데 차를 가지고 다니는 교인이 다섯 명이나 된다는 것 또한 나의 자랑이다. 1월 첫 주에 헌금으로 무려 300달러가 헌금함에 들어 있었는데 그중에는 50유로짜리 지폐를 낸 사람도 있었다. 빈손으로 오던 사람들이 동전을 내고, 동전을 내던 사람들이 지폐를 내고 있다. 교인 80명밖에 안 되는 교회, 하루 벌어 하루 사는 아프리카에서 이렇게 헌금이 나오는 것은, 산동네 판잣집에 있는 천막 교회에서 한 달 헌금이 3,000만 원쯤 걷힌 것과 비슷한 상황이다. 그들의 믿음이 얼마나 강건해졌는지, 그들의 생활이 얼마나 변했는지를 말해 주는 증거가 아닐 수 없다. 이렇게 성장한 사람들이 언젠가 나 없이 모리타니 교회를 꾸려 갈 것이다.

'하나님, 제가 언제까지 엄마 노릇을 해야 하나요? 저는 지금 눈도 시원찮습니다. 하나님 아시지 않습니까?'

지금은 성경을 읽을 때 태블릿 PC를 이용한다. 내 눈에 보일 만큼 글자를 확대해서 보는 것이다. 언제까지 말씀을 볼 수 있을까? 언제까지 엄마 노릇을 해야 할까? 주님은 망가진 내 눈 대신 다른 좋은 것을 주실까? 오직 주님만 아실 것이다.

오직 샬롬

내가 "샬롬, 샬롬!" 하고 인사하면 흰 튜닉을 입은 사람들이 "쎄임 투 유, 아멘! 아멘!"이라고 대답한다. 그들은 모슬렘이다. 원래 그들의 인사는 "앗살람 알라이쿰"이다. '샬롬'과 '앗살람 알라이쿰'은 둘 다 모두 '평화'를 뜻하는 말이다. 그들은 나에게는 으레 "샬롬"이라고 인사해야 한다고 생각한다. 나는 그것이 그들이 서서히 하나님이 품 안으로 들어오는 증거라고 생각한다. 비록 시간이 오래 걸리더라도 말이다. 크리스마스가 되면 내가 먼저 인사를 하지 않아도 이제는 그들이 먼저 "메리 크리스마스!"라고 인사하며 주님의 생일까지 챙긴다. 고난주간도 알고, 부활절도 알아서 그에 맞는 인사도 해 온다.

아프리카 사람들은 보통 열정적이라고 알려져 있다. 우리 교회에서 드리는 예배를 보면 실제로 그들의 열정이 얼마나 뜨거운지 알 수 있다. 예배를 드리면서 나는 교인 한 사람 한 사람과 눈을 맞춘다.

강대상에서 내려와 그들을 어루만지면서 예배를 드린다. 예배를 드리는 교인들의 영적인 상태가 어떤지 알아보고는, 그들을 위해 기도한다. 다리를 꼬고 앉거나 마지못해 예배를 드리는 사람에게는 당장 호통을 치기도 한다. 한국에서 나를 알았던 사람들은 목소리도 작고, 기도도 소리 내어 하지 못했던 소심한 여자가 어떻게 저렇게 변했냐며 놀라워한다. 이슬람 지역에 가서 목숨을 내놓고 전도할 줄 몰랐다고 말한다. 그들은 내가 조용한 시골 마을에서 새벽마다 성경책을 가지고 새벽 기도나 다니면서 여생을 보낼 줄 알았을 것이다.

우리 교회는 십자가가 없는 지하 교회다. 모리타니는 아직도 인구의 95퍼센트가 모슬렘으로 공개적으로 십자가를 내걸 수 있는 나라가 아니다. 우리가 크리스천이란 사실은 하나님과 우리만 아는 사실이다. 그런데도 하나님은 이곳 바닷가에서 물로 세례를 주고 제자를 양육해서 모슬렘 속으로 내보내게 하신다. 그 덕분에 우리 교회는 여덟 군데의 지교회와 여러 개의 셀 조직을 거느리는 교회로 성장했다.

이발소를 하는 마흔한 살의 슐라는 모슬렘이었는데 개종을 했다. 나이지리아 출신 벤은 8년간 모슬렘 학교에 다니며 이슬람 성직자가 될 준비를 하던 사람으로 쉰이 넘는 나이에 예수님을 영접했다. 우리 교회에서 양육된 사람들은 스페인으로, 모로코로 가기도 하고 사하라를 건너 아프리카 내륙으로 가기도 한다. 아프리카에서 밀항한 사람들이 많이 모여 있는 마드리드 주변의 알메리아, 로케타스, 무르시아, 케베 등에는 일곱 군데의 지교회가 있다.

　모로코의 경우에는 라밧드라는 곳에 지교회가 한 곳 있다. 그곳에서는 폐가를 빌려서 2~3주 정도 예배를 드리고, 다시 다른 곳으로 옮겨서 예배를 드린다. 한 곳에서 계속 예배를 드리면 언제 종교 경찰이 들이닥쳐 잡아갈지 모르기 때문이다. 모로코에서는 일주일 내내 영어권 및 프랑스어권의 베르베르 종족을 위한 예배가 있다. 베르베르 종족의 경우에는 성도의 집에 가서 예배를 드리기도 한다. 비교적 종교에 관대해 보이는 모로코도 여느 이슬람 국가처럼 경찰의 나라라고 할 수 있다. 왕국을 지키는 경찰, 종교 경찰, 왕국을 유지하기 위한 스파이가 곳곳에 있다. 간혹 미국이나 프랑스 목사님들이 기독교를 전파시켰다는 죄목으로 추방당하기도 한다.

　그러나 정작 모리타니 내에는 이런 지교회조차 없다. 모리타니에서 오직 우리 교회 한 곳뿐이다. 수도에는 셀 조직이 숨어서 예배를 드리고 있다. 그런데도 이곳에서 양육된 크리스천들은 아프리카 내륙으로, 유럽으로 흩어져서 예수님의 말씀을 전하고 있다.

양육된 제자들이 어떻게 연결되는지는 아무도 모른다. 이들은 아프리카 대륙의 실핏줄들이다. 십자가를 세울 수 없는 교회지만 하나님께서 이들을 통해 조용히 일하고 계신다.

모리타니의 새벽은 모스크의 소리로 깨어난다. 코란을 외우는 소리가 시끌시끌하다. 곧이어 아잔 소리도 군데군데 섞인다. 그들은 아잔 소리가 땅을 깨운다고 믿는다. 하지만 우리 교회에서는 아잔 소리가 귀에 안 들릴 정도로 찬송을 크게 부른다. 적어도 하나님의 귀에는 아잔 소리가 들리지 않았으면 좋겠다는 마음으로. 언제가 될지 모르지만 내가 모리타니의 나무 그늘 아래 누워 있을 즈음에는 아잔 소리 대신 찬송 소리가 아프리카 대륙의 아침을 깨울 것임을 믿는다.

내 이름은 모리타니 마마

1판 1쇄 2013년 8월 15일 발행
1판 6쇄 2019년 6월 10일 발행

지은이 · 권경숙
펴낸이 · 김정주
펴낸곳 · ㈜대성 Korea.com
본부장 · 김은경
기획편집 · 이향숙, 김현경
디자인 · 문 용
영업마케팅 · 조남웅
경영지원 · 장현석, 박은하

등록 · 제300-2003-82호
주소 · 서울시 용산구 후암로 57길 57 (동자동) ㈜대성
대표전화 · (02) 6959-3140 | 팩스 · (02) 6959-3144
홈페이지 · www.daesungbook.com | 전자우편 · daesungbooks@korea.com

ⓒ 권경숙, 2013
ISBN 978-89-97396-25-2 (03230)
이 책의 가격은 뒤표지에 있습니다.